Heppners Korean Cooking

Liebe Malu,
danke für Dein wundervolles Pure-Lust-Bild!
F. H.

Wir danken der Firma Porcelaine Blanche in München für das zur Verfügungstellen des Geschirrs.

Wir danken der Firma hertlein-Veranstaltungen.

Mit freundlicher Unterstützung der **J M E** Investment Control GmbH

Bildnachweis
Dirk Schlottmann: 7, 10/11 (Tokkaebi), 13, 14/15 (Tanz), 16, 17 (Bettelmönch), 18 (Maisan Tempel), 19 (Holztrommel), 23 (Seegurkenverkäuferin), 25 (Wahrzeichen der Inselregion Chejo-do: Wasserflasche), 27 oben (scharfe Spieße), unten (Krebse, eine Delikatesse der Ostregion), 29 (Gewürzstand), 36, 37 (Altar mit süßen Reiskuchen), 39 (die Göttin der Liebe und Schönheit mit dem Pilz des Lebens in der Hand auf einem Kranich reitend)
Felix Holzer: 8, 20/21, 24 (Ingwer, Kimchi, eingelegter Ingwer), 28, 30/31, 33, 35 (Wachteleier), 38, 41–91.

Copyright © paxmannteutsch
1. Auflage 2002
Rezepte: Frank Heppner
Text: Christine Pfützner, München
Druck und Bindung: Fischer Druck, Magdeburg
DTP-Satz und Layout: Paxmann/Teutsch Buchprojekte, München
ISBN: 3-89798-071-1
Printed in Germany

Heppners Korean Cooking

INHALT

SIKSHA HASUKSUMNIKA?...

... HABEN SIE SCHON GEGESSEN?...

ist eine häufige koreanische Begrüßungsformel anstelle von „Guten Tag" oder „Hallo", und sie zeigt vielleicht am besten, welchen Stellenwert das Essen für die Menschen in Korea hat. Deshalb ist ein Tag im „Land der Morgenstille" auch nur dann ein guter Tag, wenn er gleich morgens mit einem üppigen Frühstück beginnt: Eine dampfende Suppe, Reis, Kimchi und frisches Gemüse mit Fleisch oder Fisch sind ein „Muss", um sich für die Arbeit im Büro oder in der Schule zu stärken. Dafür fällt das Mittagessen dann entsprechend bescheiden aus, sodass der Hunger bis zum Abend wieder groß genug ist, um sich im Kreis von Familie und Freunden am gedeckten Tisch zu versammeln und die Ereignisse des Tages bei einem ausgiebigen warmen Essen Revue passieren zu lassen. Das gilt natürlich umso mehr, wenn ein Fest oder eine Familienfeier ansteht, bei der man zusammenkommt, um sich an den zahlreichen, kunstvoll angerichteten Köstlichkeiten zu erfreuen.

WIE KNOBLAUCH ZUR REICHSGRÜNDUNG BEITRUG

Selbst in der uralten koreanischen Dan'gun-Legende von der Gründung des ersten Königreichs spiegelt sich die Freude der Menschen am Essen wider. Darin heißt es, dass Knoblauch, eine der wichtigsten Zutaten der koreanischen Küche, bei der Reichsgründung von entscheidender Bedeutung gewesen sein soll. Das kam so: Nachdem Hwanung, der Sohn des Himmelsherrn Hwanin, einst von seinem Vater die Erlaubnis erhalten hatte, ein irdisches Reich zu gründen, stieg er zur Erde herab und wurde zum Herrscher über Wolken, Wind und Regen, der die Menschen das Handwerk, den Ackerbau, die Medizin und die Kochkunst lehrte. Als er sich nach einer geeigneten Gefährtin umsah, fiel sein Auge auf eine Bärin und eine Tigerin, die sich nichts sehnlicher wünschten, als Menschen zu werden. Er gab ihnen jeweils eine Knoblauchknolle und einige Beifußblätter zu essen, mit dem Gebot, ihre dunkle Höhle in den nächsten hundert Tagen nicht zu verlassen. Der Tigerin wurde die Zeit bald zu lang, aber die Bärin hielt sich getreu an seine Anweisung und nach 21 Tagen wurde sie in eine schöne Frau verwandelt. Hwanung hauchte sie mit seinem göttlichen Atem an und kurz darauf gebar sie ihm einen Sohn namens Dan'gun, der zum Begründer des ersten Choson-Reiches werden sollte.

KOREAS FEINE HOFKÜCHE

Auch in den Hofküchen der mächtigen Yi-Dynastie (1392–1910) wurde reichlich Knoblauch verwendet, allerdings nicht pur, sondern in Verbindung mit den erlesensten Zutaten, welche die Provinzen zu bieten hatten. Sie wurden von den besten Köchen des Landes zu zahlreichen raffinierten Speisen verarbeitet, und es wurden weder Kosten noch Mühen gescheut, immer wieder neue Kreationen zu erfinden, die den verwöhnten Gaumen des Königs und seiner Gäste erfreuten. Deshalb war es früher auch durchaus nicht ungewöhnlich, wenn für

ein Festmahl mit tausend Personen bis zu hundert Helfer allein damit beschäftigt waren, das Fleisch nach allen Regeln der Kunst zu zerlegen, wobei diese Arbeit ausschließlich von Männern ausgeführt werden durfte. Blieb nach einem solchen Festessen noch etwas übrig, war es üblich, die Reste unter den geladenen Gästen zu verteilen, sodass sich die Gerichte vom Königshof nach und nach im ganzen Land verbreiteten und damit entscheidend zur koreanischen Kochkultur beitrugen, denn überall versuchte man natürlich, die feinen Speisen möglichst originalgetreu nachzukochen. Dieser Brauch wurde so populär, dass man noch heute die Reste eines Festessens an Freunde und Verwandte verteilt.

Natürlich verfügte das einfache Volk weder über die Mittel noch über die Zeit, die dem König und einer kleinen Adels- und Beamtenschicht für ihre Mahlzeiten zur Verfügung standen – immerhin bestand ein ganz alltägliches Frühstück oder Abendessen bei Hofe aus nicht weniger als 15 Gängen sowie mehreren Reisvarianten, Saucen und Gemüsebeilagen –, aber zahlreiche Gerichte wurden in leicht abgespeckter Form nach und nach zum festen Bestandteil der koreanischen Küche. Außerdem bewirkte die königliche „Kochschule", dass auch die weniger Betuchten es meisterhaft verstanden, aus wenigen, aber guten Zutaten und mit viel Fantasie abwechslungsreiche Gerichte zuzubereiten, die zu typischen Spezialitäten der verschiedenen Provinzen wurden.

KOREANISCH KOCHEN – GANZ EINFACH

Dass koreanisch Kochen gar nicht schwer ist, sehen Sie, wenn Sie die Rezepte auf den folgenden Seiten selbst ausprobieren, denn alle Zutaten sind auch bei uns erhältlich. Gleiches gilt auch für das Zubehör, das sich mit Ausnahme der Essstäbchen nicht von unserem unterscheidet. Etwas anders ist nur die Vorbereitung, denn fast alle Zutaten werden vor dem Garen in mundgerechte Stücke geschnitten, da man in Korea bei Tisch keine Messer verwendet. Anders ist auch das kunstvolle Dekorieren und Anrichten der Speisen, denn in Korea legt man großen Wert auf harmonische Farbkombinationen, die das Auge erfreuen und für eine ausgeglichene Stimmung beim Essen sorgen.

Um Ihnen außerdem einen kleinen Einblick in das den meisten Europäern fremde Land und seine liebenswerten Menschen zu geben, finden Sie im ersten Kapitel eine kurze Übersicht über die Geschichte Koreas und seine uralte Kultur, die lange Zeit weitgehend vom Buddhismus und Konfuzianismus geprägt wurde und deren Traditionen auch im modernen High-Tech-Korea nach wie vor eine große Rolle spielen. In kulinarischer Hinsicht gehören dazu natürlich auch die koreanischen Tischsitten und die Jahreszeiten-Feste, die in Korea immer ein guter Anlass für besondere Gaumengenüsse sind. In diesem Sinn wünsche ich Ihnen viel Spaß beim Nachkochen und

Mashinnen umsig – Jedes Essen ein Fest!

„ALS KÜCHENCHEF KONNTE ICH MIR WÄHREND MEINER ZEIT IN KOREA DIE VIELEN KLEINEN GEHEIMNISSE UND KNIFFE DER ASIATISCHEN KOCHKUNST DIREKT VOR ORT VON DEN KÜCHENMEISTERN ZEIGEN LASSEN ODER EINFACH VON IHNEN ABSCHAUEN: WIE MAN KIMCHI UND KOREANISCHES SUSHI ZUBEREITET ODER WIE MAN AUS 500 GRAMM TEIG MIT DEN HÄNDEN 1000 WINZIGE NUDELN DREHT."

FRANK HEPPNER

WIE ALLES BEGANN

Den ersten engeren Kontakt zur Kochkunst hatte ich mit sieben oder acht Jahren, denn schon damals guckte ich meiner Mutter immer wieder in die Kochtöpfe, und wenn meine Eltern eine Firmen- oder Weihnachtsfeier hatten, kam mein Nennonkel, der beste Freund meines Vaters und damaliger Küchenchef im renommierten Hotel Deutscher Kaiser, zu uns nach Hause, um für die Gäste zu kochen. Dabei durfte ich ihm immer zur Hand gehen und natürlich auch immer ein bisschen probieren. Für mich waren damals natürlich die Süß-speisen das Wichtigste, und ich fand es toll, wenn ich die Gäste in meinem weißen Koch-hut mit eigenen Quark- und Joghurtdesserts beeindrucken konnte.

Mit dreizehn oder vierzehn Jahren durfte ich dann – als „echter" Koch verkleidet – meinem Onkel bei Banketten helfen, das heißt die Buffets bestücken und die Speisen ausgeben. Etwa zu dieser Zeit entschied ich mich, Koch zu werden, wofür sich meine Eltern allerdings nicht erwärmen konnten, denn schließlich hatten meine beiden Brüder schon einen „ver-nünftigen" Beruf gelernt. Aber ich setzte mich durch und verließ gegen ihren Willen die Handelsschule, um im Münchner Ratskeller meine Kochlehre zu beginnen.

Damals wusste ich natürlich nicht, was da alles auf mich zukommen würde – viel Arbeit, viel Engagement und sehr, sehr viel Schweiß, aber nachdem ich meine Prüfung bestanden hatte, war nicht nur mein Onkel sehr stolz. Er half mir auch bei meiner Suche nach einer ersten Auslandsstelle als Jungkoch, die mich mit 17 Jahren nach Montreux ins Hotel Victoria führte. Die ersten zwei, drei Monate dort waren hart, nicht zuletzt wegen des ungewohnten Fachfranzösisch, das ganz anders war als das, was ich in der Abendschule gelernt hatte. Es war aber eine gute Erfahrung, und als ich Montreux nach dieser Winter-saison wieder verließ, fand ich im Hotel Bachmaier in Rottach-Egern, einem der besten

Resorthotels Deutschlands, eine sehr gute Stelle, zuerst als Jungkoch, im zweiten Jahr schon als Demichef. Meine nächsten Stationen waren das Amsterdamer Hilton International, wo ich die Novelle Cuisine kennen lernte, das Hilton International in Straßburg (als Chef-Saucier), 1984 das Genfer Hilton International (als stellvertretender Souschef) sowie nach einem weiteren Jahr Witzigmanns „Aubergine" in München.

DIE EUROASIATISCHE KÜCHE

Nach dieser ebenso aufregenden wie lehrreichen Zeit arbeitete ich nach bestandener Meisterprüfung ab 1986 für etwa zwei Jahre als Küchenchef im Hilton International von Seoul, anschließend folgten die Philippinen (Hilton) und Hongkong (Peninsula-Hotel). Nach meiner Rückkehr konnte ich die euroasiatische Küche während der nächsten dreieinhalb Jahre als Küchenchef im neu eröffneten Münchner Fünf-Sterne-Hotel „Rafael" auch in Deutschland einführen, im Anschluss daran folgten zwei eigene Restaurants, „Peninsula" und „Theaterie", in München, sowie seit 1997/1998 zahlreiche Catering- und Consultingaufträge in ganz Deutschland, Österreich (Kitzbühel), Spanien (Marbella), Italien und der Schweiz, einschließlich eines 14-monatigen Beratungsauftrags im Münchner Restaurant „Lenbach", der mir Gelegenheit gab, die asiatischen Einflüsse in die europäische Küche mit einzubringen wie auch umgekehrt europäische Einflüsse in der asiatischen Küche umzusetzen.
Die Ergebnisse meiner jetzt gut 15-jährigen Erfahrung mit der euroasiatischen Küche möchte ich Ihnen in diesem Buch am Beispiel vier ausgesuchter Menüs vorstellen, in denen sich die echte koreanische Küche mit bewährten europäischen Elementen auf höchsten Niveau verbindet, und ich bin sicher, dass Ihnen das Nachkochen und Ausprobieren ebenso viel Spaß machen wird wie das Genießen!

Land &
Leute

WUSSTEN SIE, DASS
DIE KOREANISCHE
KULTUR ZU DEN
ÄLTESTEN DER WELT
GEHÖRT? DASS MAN
IN KOREA EINE GANZ
BESONDERE SCHRIFT
VERWENDET UND EIN
GESCHENK STETS
NUR MIT DER
RECHTEN HAND
ÜBERRREICHT?
AUF DEN NÄCHSTEN
SEITEN ERFAHREN
SIE MEHR ÜBER
DAS „LAND DER
MORGENSTILLE"!

NUR WENIG WEISS MAN IM WESTEN VOM „LAND DER MORGENSTILLE", WIE KOREA AUCH GENANNT WIRD, UND SEINEN FRÖHLICHEN, LIEBENSWÜRDIGEN MENSCHEN MIT IHRER SPRICHWÖRTLICHEN GASTFREUNDSCHAFT. SIE KÖNNEN AUF EINE MEHR ALS 5000-JÄHRIGE GESCHICHTE ZURÜCKBLICKEN, DEREN ERSTE ANFÄNGE SICH IN ALTEN LEGENDEN VERLIEREN.

KLEINE LANDESKUNDE & GESCHICHTE

ZWEI HÄLFTEN DES GANZEN

Die Halbinsel Korea, im Norden von China begrenzt und auf drei Seiten vom Japanischen und Gelben Meer umspült, ist mit rund 222 000 km² etwa so groß wie Rumänien oder Großbritannien, wobei rund 55% der Gesamtfläche auf Nordkorea mit seiner Hauptstadt Pyöngyang entfallen. Hier leben heute etwa 22 Millionen Menschen, während es in Südkorea gut 48 Millionen sind, davon allein mehr als 11 Millionen in der Hauptstadt Seoul, der fünftgrößten Metropole der Welt, gefolgt von der pulsierenden Hafenstadt Pusan im Südosten des Landes mit knapp 4 Millionen Menschen und fünf weiteren Großstädten mit jeweils über einer Million Einwohnern.

Seit 1945 ist Korea entlang des 38. Breitengrades zweigeteilt: in das westlich orientierte Südkorea (Taehan), das als moderner Industrie- und Dienstleistungsstaat zu den wichtigsten asiatischen Exportländern gehört, und das kommunistisch regierte Nordkorea (Choson), das vom kapitalistischen Westen jahrzehntelang weitgehend abgeschottet war.

DIE KINDER DER BÄRIN UND DES HIMMELSSOHNS

Die Vorfahren der Koreaner waren mongolisch-tungusische Nomadenvölker aus Zentralasien, die sich auf ihren Wanderungen nach Osten vor mehr als 5000 Jahren nach und nach im Gebiet des heutigen Korea niederließen. Das erste Königreich Choson soll einer uralten Legende nach um 2300 v. Chr. von Dan'Gun begründet worden sein, dem Sohn des Himmelsherren Hwanung und einer Bärin, die von den himmlischen Mächten in eine Frau verwandelt wurde. Geschichtlich belegen lässt sich das erste koreanische Reich, das aus einer Stammesföderation mit einem König an der Spitze bestand und vom Nordwesten des Landes bis weit in die Mandschurei reichte, allerdings erst im 4. Jahrhundert v. Chr.

DIE ÄRA DER DREI REICHE

Seine erste kulturelle Blütezeit erlebte Korea vom 1. bis 9. Jahrhundert n. Chr. mit der Gründung der drei Königreiche Kokuryo (im Norden), Paekje (im Südwesten) und Silla (im Süden), die 668 durch die mächtigen Silla-Regenten zu einem einzigen Staat vereinigt wurden, in dem der von China importierte Buddhismus eine herausragende Rolle spielte. Ab 935 ging die Macht auf die Koryo-Dynastie über, die das Land fortan nach chinesisch-konfuzianischen Prinzipien regierte, während der Buddhismus als Staatsreligion erhalten blieb. 1392 folgte die mehr als 600 Jahre währende Dynastie der Yi, deren Regenten den buddhistischen Einfluss endgültig aus Staat und Gesellschaft verbannten und das konfuzianische Wertesystem ausbauten. Ihre Macht wurde jedoch immer wieder durch Invasionen aus China und Japan erschüttert, sodass sich das Land ab 1640 für etwa 300 Jahre weitgehend von der Außenwelt isolierte. Schließlich konnte sich Japan im Streit um Korea gegen China und Russland Anfang des 20. Jahrhunderts durchsetzen und die Halbinsel annektieren.

DAS ENDE DER DYNASTIEN

Nach der zwangsweisen Abdankung des letzten Yi-Kaisers stand Korea ab 1910 unter japanischer Kolonialherrschaft, die 1945 durch die Niederlage Japans im russisch-japanischen Krieg beendet wurde: Der Norden des Landes fiel in den Einflussbereich der Sowjetunion, während der Süden von den USA verwaltet wurde, bis 1948 die offizielle Gründung der beiden koreanischen Staaten erfolgte. Als 1950 nordkoreanische Truppen in Südkorea einfielen, kam es zum Krieg, in dem Südkorea von UNO-Truppen unterstützt wurde, bis er 1953 mit einem Waffenstillstandsabkommen endete. Seit 1972 verhandeln Nord- und Südkorea über eine Wiedervereinigung, der nach heutigem Stand gute Chancen eingeräumt werden.

ZU RECHT STOLZ SIND DIE KOREANER AUF IHRE URALTE KULTUR, DIE IN MANCHEN BEREICHEN VON CHINA BEEINFLUSST WURDE, ABER AUCH GANZ EIGENE TRADITIONEN HERVORGEBRACHT HAT, DIE DAS LEBENSGEFÜHL DER MENSCHEN GEPRÄGT HABEN UND AUCH IM MODERNEN KOREA NOCH EINE GROSSE ROLLE SPIELEN.

KULTURLAND KOREA

SPRACHE & SCHRIFT

Über die genaue Herkunft der koreanischen Sprache ist man sich bis heute noch nicht ganz im Klaren. Fest steht nur, dass sie zur großen Familie der ural-altaischen Sprachen gehört und ähnlich wie das Japanische etwa zur Hälfte mit chinesischen Lehnwörtern durchsetzt ist, die der koreanischen Aussprache angepasst wurden. Ganz anders verhält es sich dagegen mit der Schrift (Hangul), die als einzigartig gilt, da sie nicht wie die meisten Schriftsprachen aus einem bereits bestehenden System abgeleitet wurde (wie etwa die lange Zeit in Korea verwendete ideografische, d. h. bildhafte chinesische Schrift), sondern 1443 im Auftrag des damaligen Königs Sejong von einer Gruppe Gelehrter eigens dafür entwickelt wurde, um koreanische Worte und Begriffe über eine entsprechende Lautschrift präzise auszudrücken. Das sehr klar und einfach strukturierte Hangul – bis zum Beginn des 20. Jahrhunderts Hunminchong-um („Korrekte Laute, um sie die Menschen zu lehren") genannt – besteht aus zehn Vokalen und 14 Umlauten und ist so leicht erlernbar, dass es im Gegensatz zu China in Korea heute so gut wie keine Analphabeten gibt.

RELIGION & PHILOSOPHIE

Mehr als 25% der Südkoreaner bekennen sich zum Buddhismus, der im 4. Jahrhundert n. Chr. von Indien über China bis nach Korea gelangte. Zweitgrößte Religion ist das Christentum, das sich im 19. Jahrhundert ausbreitete, gefolgt vom Konfuzianismus, der sich schon lange vor der Zeitenwende von China aus in Korea etabliert hat und dessen philosophisches Weltbild sich sogar in der südkoreanischen Flagge widerspiegelt: Auf weißem Hintergrund – nach konfuzianischem Prinzip das Symbol für Reinheit – zeigt sich in der Mitte ein blauroter Kreis mit den kosmischen Kräften von Yin (Blau) und Yang (Rot), wobei

Rot für das aktiv-männliche Prinzip, Blau für das passiv-weibliche Element steht – zwei Kräfte, die sich entsprechend den Regeln der Weisheit trotz ihrer Gegensätzlichkeit harmonisch ergänzen. Schräg um den Kreis herum sind vier Trigramme angeordnet, die dem jahrtausendealten chinesischen Orakelbuch I Ging (koreanisch: Chu Yeok) entstammen und die vier kosmischen Elemente Himmel, Erde, Feuer und Wasser repräsentieren.

ARCHITEKTUR & WOHNKULTUR

Auch wenn sich Koreas moderne Großstädte, allen voran Seoul, mit ihren Hochhäusern kaum noch von westlichen Metropolen unterscheiden, sind in Korea noch zahlreiche traditionelle Häuser und Paläste mit zart geschwungenen Dachfirsten und ästhetisch schlichten Pfeilern erhalten, von denen manche mehr als 1000 Jahre alt sind. Noch älter ist das Prinzip der koreanischen Fußbodenheizung Ondol („Warmer Stein"), die bis auf das 7. Jahrhundert zurückgeht und nach wie vor fester Bestandteil fast aller koreanischen Häuser ist. Dafür werden heutzutage Leitungen unter dem Fußboden verlegt, durch die heißes Wasser fließt, das den Boden erwärmt. In früheren Jahrhunderten wurde dagegen unter dem Steinboden ein röhrenförmiger Freiraum gelassen, dessen eine Öffnung mit dem Schornstein, die andere mit dem Herd verbunden war. Dieser stand im größten Zimmer des Hauses, in dem zusammen gegessen und geschlafen wurde, und wurde zum Kochen mit Feuerholz oder Kohle beheizt. Der dabei entstehende heiße Rauch zog durch die Röhre in Richtung Schornstein ab und erwärmte dabei den Fußboden so gut, dass die Wärme selbst im Winter tagelang vorhielt. Diese Form des Heizens trug nicht nur wesentlich zum engen koreanischen Gemeinschaftsleben bei, sondern auch zur so genannten Sitzkultur, bei der Essen, Schlafen und andere Beschäftigungen weitgehend auf dem Fußboden stattfinden.

BESONDERS WICHTIG IST IN KOREA EIN ENGER FAMILIENZUSAMMENHALT, DER AUCH DEN RESPEKT FÜR DIE ÄLTEREN EINSCHLIESST. IMMER WIEDER ANLASS ZUM FEIERN BIETEN DIE ZAHLREICHEN GEDENKTAGE UND JAHRESZEITEN-FESTE, DIE SICH IN KOREA NACH DEM MONDKALENDER RICHTEN, ABER AUCH FAMILIENEREIGNISSE WIE EINE HOCHZEIT ODER DER ERSTE GEBURTSTAG DES SPRÖSSLINGS.

TYPISCH KOREANISCH

KIBUN – DIE KOREANISCHE BEFINDLICHKEIT

In früheren Zeiten lebte in Korea die gesamte Großfamilie unter einem Dach, häufig sogar nur in einem einzigen (warmen) Zimmer, denn eine Trennung in Wohn-, Arbeits-, Ess- und Schlafzimmer, wie sie bei uns üblich ist, gab es nicht. Stattdessen holte man sich das, was man gerade brauchte, wie etwa die Matratze zum Schlafen oder den Tisch zum Essen, aus dem Schrank oder einem anderen Zimmer und verstaute es nach Gebrauch wieder an seinem Platz. Auf diese Weise entstand ein sehr enger Familienzusammenhalt, der auch heute noch von großer Bedeutung ist, wenn auch die Großfamilie in dieser Weise längst nicht mehr existiert, da sich die sozialen Strukturen durch das Leben in der Stadt weitgehend den westlichen Gepflogenheiten angepasst haben (heute gehören nur noch etwa 17% der Südkoreaner zur Landbevölkerung).

Ein wichtiges Element im Zusammenleben der Koreaner ist „Kibun", was übersetzt etwa so viel wie „Selbstwertgefühl", „Gesicht wahren" oder „Befindlichkeit" bedeutet und sich auf das richtige Verhalten gegenüber seinen Mitmenschen bezieht. Es beinhaltet, sich zu jeder Zeit so zu benehmen, dass das Kibun des anderen nicht durch Kritik – vor allem nicht im Beisein Dritter – beschädigt oder das eigene Kibun nicht durch unhöfliches Benehmen in der Öffentlichkeit aus dem Gleichgewicht gebracht wird, denn die Harmonisierung eines gestörten Kibun wird in Korea als sehr schwierig angesehen. Aus diesem Grund ist man außerhalb der eigenen vier Wände besonders höflich und verhält sich eher zurückhaltend. Aber auch im Familienkreis gelten bestimmte Benimmregeln, wie etwa die Achtung gegenüber den Eltern oder älteren Verwandten, die als Respektspersonen großes Ansehen genießen. Gleiches gilt auch für die Bewirtung der Gäste, indem man aufmerksam darauf achtet, ihr Kibun nicht zu irritieren.

KLEINER KOREA-KNIGGE

Zu den wichtigsten koreanischen Benimmregeln gehört beispielsweise, sich bei der Begrü-
ßung leicht vor seinem Gegenüber zu verneigen, wobei sich der Rangniedere immer zuerst
vor dem Ranghöheren verbeugt, also vor den Eltern, älteren Menschen, Lehrern, Chefs und
anderen Respektspersonen.

Eine weitere Regel besagt, dass man beim Betreten eines Tempels, Privathauses oder auch
in vielen Restaurants zuerst die Schuhe auszieht und in die meist schon bereitgestellten
Hausschuhe schlüpft. Dieser Brauch hat vor allem damit zu tun, dass sich einige Aktivitä-
ten, wie etwa das Essen, in relativer Bodennähe abspielen.

Bei der Übergabe eines Geschenks oder anderer persönlicher Gaben gilt die Rechte-Hand-
Regel, das heißt, man übergibt oder empfängt das Geschenk nur mit der rechten Hand. Noch
respektvoller ist es, wenn man dafür beide Hände verwendet.

Wird man zum Essen eingeladen, gilt es als äußerst unhöflich, die Einladung auszuschla-
gen, denn damit würde man das Kibun des Gastgebers verletzen. Und geht man in Korea zu
mehreren in ein Restaurant, ist es ein „Muss", vor dem offiziellen Bezahlen möglichst heim-
lich die ganze Rechnung zu übernehmen – gemäß der alten konfuzianischen Tradition, dass
einem tugendhaften Menschen das Geld weniger wichtig ist als das Wohl der Gemeinschaft.
Außerdem geht man davon aus, dass sich die anderen schon irgendwann dafür revanchie-
ren werden.

Überhaupt nicht unhöflich, sondern ein Zeichen der Verbundenheit, ist das Essen aus einer
gemeinsamen großen Schüssel anstelle einzelner Teller, denn damit können nach Meinung
der Koreaner die menschlichen Beziehungen gefördert werden. Und ein echtes Kompliment
für den Gastgeber ist ein laut vernehmliches Schlürfen der Suppe ...

JEDES ESSEN EIN FEST, SO HEISST ES IN KOREA, ABER UMGEKEHRT GILT DIESER SPRUCH GENAUSO, DENN DIE KOREANER KOMMEN GERN UND OFT ZUSAMMEN, UM EIN AHNENFEST, EINEN BESONDEREN GEBURTSTAG ODER EIN JAHRESZEITENFEST ZU FEIERN UND DABEI IM KREIS DER FAMILIE, VERWANDTEN UND FREUNDE EIN AUFWÄNDIGES MENÜ MIT ZAHLREICHEN GERICHTEN ZU GENIESSEN.

GEBURTSTAGE UND ANDERE FESTE

An besonderen Feiertagen tragen manche Koreaner auch heute noch die traditionelle Kleidung Hanbok, die je nach Anlass besonders festlich ist: Der Frauen-Hanbok (Chima) besteht aus einem bequemen bodenlangen Rock, über den eine kurze Jacke gezogen wird, während die Männer eine weite, an den Knöcheln festgebundene Pluderhose und eine lange, weit geschnittene Jacke tragen.

Einen guten Anlass, den Hanbok anzulegen, bieten Familienfeiern wie eine Hochzeit oder ein Geburtstag. Besonders wichtig ist nach dem Fest zum 100. Lebenstag (Baek-il) der erste Geburtstag (Dol) eines Kindes, bei dem man nach dem Festessen je einen Geldschein, einen Bindfaden und eine Bürste auf den Tisch legt. Greift das Baby nach dem Geld, bedeutet das künftigen Reichtum, hebt es die Bürste hoch, wird sein späteres Leben von Weisheit begleitet sein, und nimmt es den Faden, wird es ein langes Leben haben.

Die beiden nächsten großen Geburtstage sind der 60. (Hwan Gap) und 70. (Chil Soon), denn nach koreanischer Auffassung ist der erste große Lebenszyklus mit 60 Jahren beendet. Außerdem bedeuteten 60 Jahre früher ein hohes Alter, was sich durch die gestiegene Lebenserwartung jedoch inzwischen auf den 70. Geburtstag verschoben hat, den man ebenfalls mit einem großen Festessen feiert.

JAE SA – DAS AHNENGEDENKFEST

Auf einer uralten konfuzianischen Tradition beruht das Fest für die Ahnen (Jae Sa), zu dem sich jede koreanische Familie mindestens einmal jährlich – meist im Haus des ältesten Sohns – versammelt, um die Vorfahren mit einer feierlichen Zeremonie zu ehren. Nach Überzeugung der Ahnen bringt es den Lebenden nämlich Glück, wenn man die extra dafür zubereiteten Gerichte zuerst den Ahnen zum Probieren anbietet und ihnen Respekt erweist, indem man sich tief vor ihren Bildern verbeugt. Erst danach dürfen die Gerichte auch von den Anwesenden ausgiebig genossen werden.

CHUSEOK – DAS ERNTEDANKFEST

Auch beim konfuzianischen Erntedankfest Chuseok, dem wichtigsten koreanischen Fest, das eine ähnliche Bedeutung für die Familien hat wie unser Weihnachtsfest und alljährlich im September nach dem Mondkalender gefeiert wird, werden die Ahnen mit einem besonderen Essen geehrt. Außerdem besucht man die Gräber der Vorfahren und dankt ihnen für eine gute Ernte und das Wohlergehen der Familie im vergangenen Jahr.

SEONAL – DAS NEUJAHRSFEST

Das zweite große Fest ist das koreanische Neujahrsfest Seonal, das nach dem Mondkalender im Februar gefeiert wird. Dann kommt die Familie zusammen, um sich Glück für das nächste Jahr zu wünschen und sich an einer speziellen Reisnudelsuppe (Ddeokguk) zu erfreuen, von der es in Korea heißt, dass man ohne sie kein Jahr älter werden kann.

JEONGWOL – DAS SCHUTZFEST

Zwei Wochen nach dem Neujahrsfest wird am ersten Vollmondtag des Jahres die Jeongwol-Zeremonie abgehalten, um durch ein besonderes Festmahl Krankheit und Katastrophen fernzuhalten. Am Morgen des Tages knackt man mit den Zähnen Erdnüsse, Maroni oder Walnüsse und wünscht sich bei einem Schluck Schnaps Gesundheit für das nächste Jahr.

SAMBOK – DAS SOMMERHITZE-FEST

Unter Sambok werden die drei Feiertage Chobok (Juli), Jungbok (Juli) und Malbok (August) zusammengefasst, die nach dem Mondkalender Anfang, Mitte und Ende der heißen Sommerperiode symbolisieren. An diesen Tagen isst man besonders scharf gewürzte Gerichte, um die durch die Hitze geschwächten Lebenskräfte wieder zu stärken.

DONGJI – DAS WINTERSONNWENDFEST

Im Dezember zu Dongji, der Wintersonnenwende, ist es in Korea von alters her Brauch, den kürzesten Tag des Jahres im Kreis der Familie zu verbringen. Dafür wird ein spezielles Gericht mit roten Bohnen zubereitet, von denen es heißt, dass sie die bösen Geister vertreiben und vor Unglück und Krankheit schützen.

Essen & Trinken

KIMCHI IST NUR EINES
VON VIELEN TYPISCHEN
GERICHTEN, MIT DENEN
SICH DIE KOREANISCHE
KÜCHE VON IHREN
ASIATISCHEN NACHBARN
UNTERSCHEIDET. WAS UND
WIE MAN IN KOREA KOCHT,
WELCHE ZUTATEN UND
GEWÜRZE DAFÜR NÖTIG
SIND UND WIE MAN SICH
BEI TISCH BENIMMT — ALL
DAS ERFAHREN SIE IN
DIESEM KAPITEL.

NEBEN DEM BERÜHMTEN KIMCHI, DAS ALS LEIB- UND MAGENSPEISE BEI KEINER MAHLZEIT FEHLEN DARF UND FÜR DESSEN AUFBEWAHRUNG SOGAR SPEZIELLE KÜHLSCHRÄNKE KONSTRUIERT WURDEN, HAT KOREAS KÜCHE EINE FÜLLE VON GERICHTEN ZU BIETEN – MIT VIEL GEMÜSE, FISCH UND MEERESFRÜCHTEN, SCHARFEN GEWÜRZEN UND MANCHEN ZUTATEN, DIE BEI UNS WENIGER GUT BEKANNT SIND.

WAS KOCHT MAN IN KOREA?

FRISCH, WÜRZIG, VIELSEITIG –

so lässt sich die koreanische Küche vielleicht am besten auf den Punkt bringen. Wer schon einmal in Korea war, kann davon berichten, welche Köstlichkeiten bei einem Festessen in unzähligen kleinen und großen Schüsseln angerichtet werden. Aber auch im Alltag ist viel Abwechslung gefragt und dank der unkomplizierten Zubereitungsmethoden auch möglich, denn die koreanischen Märkte bieten eine riesige Auswahl an Gemüse, Kräutern, Gewürzen, Fleisch, Fisch, Krustentieren, Meerespflanzen und Früchten, aus denen in kürzester Zeit die fantasievollsten Gerichte entstehen – eine Fähigkeit der Koreaner, die vermutlich auf die alten Nomadenzeiten zurückgeht, als die Vorfahren ihre täglichen Mahlzeiten auf ihren Wanderungen rasch und ohne große Umstände zubereiten mussten.

Bei vielen Gerichten werden die Rezepte seit Jahrhunderten von einer Generation an die nächste weitergegeben. Wie bei uns verfügt jede Region über typische Spezialitäten und hat jede Familie ihre eigenen Zubereitungsgeheimnisse, aber in einem stimmen alle überein: Sämtliche Zutaten müssen erstklassig und frisch sein und an scharfen Gewürzen darf nicht gespart werden, weshalb Knoblauch, Cayennepfeffer, Chilis, Zwiebeln, Senf und verschiedene Würzsaucen und -pasten auch in keiner koreanischen Küche fehlen.

Und es gibt noch ein weiteres ungeschriebenes Gesetz: Es muss immer genug Kimchi im Haus sei – der eingelegte, meist scharf gewürzte Kohl oder Rettich, der als Beilage zu jeder Mahlzeit vom Frühstück bis zum Abendessen serviert wird und sich vielleicht am ehesten mit der obligatorischen Brotbeilage in der französischen und mediterranen Küche vergleichen lässt. Seine Zubereitungsmethoden reichen rund 2000 Jahre zurück, und seither beginnt alljährlich im Spätherbst, wenn die ersten kalten Winde aus Sibirien herüberwehen, für alle koreanischen Hausfrauen der Kimjang – der Monat der Kimchi-Herstellung.

KIMCHI – DIE UNIVERSALBEILAGE

Von Koreas Nationalgericht Kimchi, das pur als Beilage oder als Zutat für Suppen, Pfannen- und Schmorgerichte verwendet wird, gibt es seit dem 11. Jahrhundert Hunderte von Rezepten und noch mehr Varianten, wobei man zwischen Winter- und Saison-Kimchi unterscheidet. Winter-Kimchi besteht in der Regel aus eingelegtem Kohl (Be Tshu) oder Rettich, der die Menschen vom Herbst bis zum Frühjahr mit wichtigen Proteinen, Mineralstoffen und Vitaminen versorgt, was vor allem früher wichtig war, als es während der kalten Jahreszeit kein frisches Gemüse gab. Saison-Kimchi wird dagegen aus dem je nach Jahreszeit gerade verfügbaren Gemüse wie Rettich oder Gurke zubereitet und nicht monatelang gelagert.

Je nach Rezept werden neben dem Hauptgemüse noch zahlreiche weitere Zutaten verwendet: Porree, Frühlingszwiebeln, Bohnen, Karotten, Farnkraut, Schwarzwurzeln, Spinat, Zwiebeln, Schnittlauch, Kürbis, Senf- und Rettichblätter, außerdem Garnelen, Shrimps, Muscheln, Austern, Seetang, Algen, (Tinten-)Fisch, Sardellen, sowie Ingwer, Knoblauch, Chilischoten, Ginseng, Brunnenkresse, getrocknete Pilze, Nashibirnen, Maronen, Jujubes (getrocknete rote Datteln), Reismehl, Sesamsamen, Pinienkerne, Sojasauce, scharfe Bohnenpaste, etwas Zucker und natürlich Salz.

Bei der Zubereitung wird das geputzte Gemüse zuerst für mehrere Stunden in eine Salzlake eingelegt und nach gründlichem Spülen zusammen mit den anderen vorbereiteten Zutaten lagenweise in das Aufbewahrungsgefäß geschichtet. Dann wird alles mit Salzlake bedeckt und das Gefäß zugedeckt mehrere Tage bis Wochen stehen gelassen, sodass ein Gärungsprozess einsetzt. Winter-Kimchi wird traditionell in großen Tontöpfen (Kimchitok) im Freien bei 5 bis 10°C aufbewahrt, während Saison-Kimchi in den Kühlschrank kommt.

Kimchi gibt es bei uns fertig zu kaufen – entweder als Konserve oder, noch besser, frisch in manchen Asia-Läden oder in koreanischen Restaurants.

GEMÜSE

Gemüse spielt aber nicht nur beim Kimchi eine große Rolle, sondern auch in den meisten koreanischen Gerichten, egal ob mit oder ohne Fleisch oder Fisch. Beim Kauf sind die Koreaner deshalb auch sehr wählerisch und verwenden nur erstklassiges, frisches Gemüse. An oberster Stelle der koreanischen Beliebtheitsskala steht Knoblauch (Manul), der außer bei Süßspeisen in fast jedem Gericht verwendet wird und in Essig eingelegt eine überaus geschätzte Beilage ist. Danach folgen Rettich, Lauch und Gurke, die als Grundzutat in vielen Rezepten vorkommen, sowie fast alle Gemüsearten, die auch bei uns verwendet werden.

Eine alte chinesische Tradition, die von der koreanischen Küche übernommen wurde, ist die Verwendung frischer Sprossen, die in der Regel aus Soja- und Mungobohnen gezogen werden und sehr vitamin- und mineralstoffreich sind. Man kann sie ganz einfach selbst ziehen oder frisch in Asia- und Naturkostläden sowie in manchen Supermärkten kaufen.

Ein weiteres gängiges Gemüse sind Lotoswurzeln, die bei uns selten frisch, sondern nur als Konserve oder auch getrocknet im Asia-Laden erhältlich sind. Sie besitzen ein zartes Aroma und werden frittiert als Chips oder als Suppeneinlage und für Süßspeisen verwendet.

PILZE

Eine weitere häufige Zutat in der koreanischen Küche sind Pilze, wobei mehrere Sorten üblich sind: Mu-Err-Pilze, die getrocknet in Asia-Läden erhältlich sind und vor der Zubereitung 20 bis 30 Minuten in kaltem (!) Wasser eingeweicht werden, sodass sie ihr typisches, leicht nussiges Aroma entfalten, Shiitake-Pilze, die als einzige Pilzart ebenso gut frisch wie getrocknet schmecken, wobei man die getrockneten Pilze ebenfalls vor der Zubereitung einweicht, sowie Austernpilze und Champignons, die ausschließlich frisch verwendet werden, während Songie, koreanische Steinpilze, wegen ihres köstlichen Aromas in ihrer Heimat auch „himmlische Pilze" genannt, bei uns nur in Dosen erhältlich sind.

SEETANG & ALGEN

Seetang und Algen werden als überaus nahrhaftes und gesundes Gemüse klein geschnitten für Suppeneinlagen und als Gewürz in Salaten, aber auch für gefüllte Reisrollen oder knusprig gebacken als Beilagen zu Festtagsgerichten verwendet. Beides gibt es frisch und getrocknet in Asia- und Japanläden.

DIE MEISTEN ZUTATEN, DIE SIE FÜR DIE ZUBEREITUNG KOREANISCHER GERICHTE BRAUCHEN, BEKOMMEN SIE IM ASIA-LADEN, ANDERE FINDEN SIE AUCH IN NATURKOSTLÄDEN, IM REFORM-HAUS UND IN MANCHEN GUT SORTIERTEN SUPERMÄRKTEN. WICHTIG IST JEDOCH IN JEDEM FALL ERSTKLASSIGE QUALITÄT, WOBEI SIE VOR ALLEM BEI FISCH, FLEISCH UND GEMÜSE NICHT SPAREN SOLLTEN.

FISCH & MEERESFRÜCHTE

Als Bewohner einer Halbinsel verfügen die Koreaner über eine reiche Auswahl an Fischen und Meeresfrüchten, wobei fangfrisches, hauchdünn geschnittenes Fischfilet häufig auch roh gegessen wird. Beliebte Fischsorten sind Seebarsch, Schellfisch, Seezunge und Karpfen, an Meeresfrüchten werden Garnelen, Shrimps, Scampi, Jakobsmuscheln und andere Muschel-sorten verwendet, aber auch Tintenfisch ist eine Zutat in vielen Gerichten.

FLEISCH & GEFLÜGEL

Etwas weniger häufig kommen Fleisch und Geflügel auf den Tisch. Trotzdem gibt es zahl-reiche Rezepte für Huhn, Pute, Perlhuhn, Wachtel und Ente, wie auch für Rind und Schwein, die als Eintopf, mariniert, gebacken, am Spieß gebraten, frittiert, paniert oder als Hack-fleisch zubereitet werden. Ein berühmtes Fleischgericht ist Bul Go Gi – marinierte Rind-fleischscheiben, die in Korea über glühender Holzkohle direkt am Tisch gebraten werden.

REIS & NUDELN

In Korea wird zu jeder Mahlzeit frisch gekochter Reis gereicht, vorzugsweise kurzkörniger Klebreis, der durch seinen hohen Glutengehalt etwas zusammenklebt und auch für die Zubereitung der beliebten Reisplätzchen sowie verschiedener Süßspeisen benötigt wird. Reismehl, das aus fein gemahlenem rohen Klebreis besteht, wird häufig zur Herstellung von Nudel- und Pfannkuchenteig, für pikante und süße Ravioli (Man du) oder im Teigmantel für frittiertes Gemüse, Fleisch und Fisch verwendet.
Glasnudeln, die aus Kartoffel-, Mais- und Bohnenstärke hergestellt werden, gibt es getrock-net im Asia-Läden. Sie werden in warmem Wasser eingeweicht und dienen meist als Zutat im Salat oder als Suppeneinlage.

TOFU & EIER

Da man in Korea keine Milchprodukte verwendet, ist der vielseitige Tofu (Dubu) ein guter pflanzlicher Eiweißlieferant. Er wird aus Sojabohnen hergestellt und entsprechend der Zubereitungsmethode auch Sojaquark oder -käse genannt. Man bekommt ihn frisch im Asia-Laden oder eingeschweißt in Naturkostläden, im Reformhaus und in einigen Supermärkten. Eine häufige Zutat in der koreanischen Küche sind auch Eier, die für Pfannkuchen und zum Panieren verwendet werden. Als Rührei zubereitet und in Rhomben und Streifen geschnit-ten sind sie zudem eine beliebte Dekoration, mit der viele Gerichte verziert werden.

GEWÜRZPFLANZEN, WÜRZPASTEN UND AROMEN SPIELEN IN DER KOREANISCHEN KÜCHE EINE WICHTIGE ROLLE, DENN SIE GEBEN DEN GERICHTEN ERST DEN RICHTIGEN, MEIST SCHARFEN PFIFF. GLEICHZEITIG DIENEN GEWÜRZE (YAK YOM), DER BESSEREN BEKÖMMLICHKEIT DER SPEISEN UND WERDEN DESHALB AUCH ENTSPRECHEND IHRER MEDIZINISCHEN WIRKUNG EINGESETZT.

GEWÜRZE & AROMEN

GEWÜRZE

Chilischoten: Eine besondere Leidenschaft der Koreaner sind Chilischoten, die erst im 16. Jahrhundert auf die Halbinsel gelangten und seither vielen Gerichten – vom Kimchi bis zum Salat – ihre typische Schärfe verleihen. Wenn die Schoten mitgegart werden (vorher die Kerne entfernen!), sollten sie zuerst leicht mit dem Messer flach gedrückt werden, damit sich ihr Aroma besser entfalten kann. In manchen koreanischen Gerichten wird statt der Schoten auch Chilipulver verwendet, das Sie im Asia-Laden und in einigen Supermärkten bekommen. Alternativ können Sie aber auch Cayennepfeffer nehmen, der von einer nah verwandten Pflanze stammt und ebenfalls sehr scharf ist.

Ingwer: Mit seinem leicht süßlichen, scharf-bitteren Geschmack ist Ingwer eine weitere wichtige Zutat in der koreanischen Küche und wird vor allem im Kimchi, in Geflügelgerichten, Süßspeisen und im Tee verwendet. Er wird ausschließlich frisch zubereitet, da Ingwerpulver keinen gleichwertigen Ersatz bietet. Für manche Rezepte ist eingelegter Ingwer erforderlich, der bei uns auch als Sushi-Ingwer bekannt ist und den Sie in Asia-Läden und Delikatessengeschäften bekommen.

Ginseng: Korea ist seit jeher das Land der Ginsengwurzel (Koryo insam), die seit Jahrhunderten nicht nur zum Kochen, sondern auch für Liköre, Bonbons und als wichtige Heilpflanze in vielen Tinkturen und Tees verwendet wird, wobei die qualitativ hochwertigsten Ginsengwurzeln erst nach acht- bis zehnjähriger Anbauzeit geerntet werden und dementsprechend teuer sind (früher wurden sie sogar mit der dreifachen Goldmenge aufgewogen!). Wenn Sie im Asia-Laden keine frische Ginsengwurzel bekommen, können Sie stattdessen auch getrocknetes Ginsengpulver oder Ginseng-Granulat für Tees (in Päckchenform aus der Apotheke oder dem Reformhaus) verwenden.

WÜRZSAUCEN & -PASTEN

Chilisauce: Ebenso feurig scharf wie die Schoten schmeckt auch die Chilisauce, die zum Würzen zahlreicher Gerichte dient und als Fertigprodukt bei uns auch als „Chili for Chicken"-Sauce im Asia-Laden erhältlich ist.

Chilipaste: Ebenfalls in keiner koreanischen Küche fehlen darf die dunkelrote Chilipaste (Gotshu chang), die aus fein zerriebener Chilischote, Sojasauce, Salz, Klebreis- und Soja- oder Mungobohnenmehl zubereitet wird und sehr gut tiefgefroren werden kann. Wenn Sie keine echte Chilipaste bekommen, können Sie alternativ auch das bei uns leichter erhält- liche und etwas milder schmeckende Sambal oelek verwenden oder auch die thailändische rote Currypaste, die zusätzlich noch etwas Ingwer und Zitronengras enthält.

Sojasauce: In Korea wird meist die dünnflüssige dunkle Sojasauce (Ganchang) verwendet, für manche Gerichte ist jedoch die helle Sojasauce besser geeignet, wobei Sie problemlos auch auf chinesische oder thailändische Produkte zurückgreifen können. Sojasauce wird aus fermentierten Sojabohnen, Salz, Wasser und Weizen- oder Reismehl hergestellt.

Sojabohnenpaste: Die hellbraune Sojapaste (Daen chang) besteht aus zerstoßenen und fer- mentierten Soja- oder Mungobohnen, die, mit Chili, Klebreismehl und Salz zu einer zähen Paste verarbeitet, als Binde- und Würzmittel für Suppen und Eintöpfe dient, aber auch in Marinaden, Saucen und Dipps verwendet wird.

Sesampaste: Aromatisch und mild schmeckt die Sesampaste, die als „Tahin" in Asia- und Naturkostläden sowie in manchen Reformhäusern und Supermärkten angeboten wird.

Fischsauce: Anfangs etwas streng riecht dagegen die asiatische Fischsauce, die aber man- chen Fischgerichten eine ganz besondere Note verleiht. Sie ist unter ihrem thailändischen Namen „Nampla" in Asia-Läden erhältlich.

KRÄUTER

Koriander: Relativ häufig in der koreanischen Küche ist Koriander, den Sie frisch in Asia-Läden bekommen und dessen fein geschnittene Blätter wie Petersilie zum Aromatisieren von Salaten, Suppen und Eintöpfen dienen.

Petersilie: Wird in einem Rezept Petersilie verwendet, sollten Sie immer die glattblättrige Sorte nehmen, da sie wesentlich aromatischer schmeckt als krause Petersilie.

Schnittlauch: Schnittlauch wird wie bei uns in kleine Röllchen geschnitten und dient zum Würzen verschiedener Gerichte.

Knoblauch- und Zwiebelgrün: Dank ihrer Vorliebe für alles Scharfe und Würzige verwenden die Koreaner häufig auch Knoblauch- und Zwiebelgrün sowie Senf-, Löwenzahn- und Rettichblätter zum Aromatisieren von Salaten, Suppen und anderen gegarten Gerichten.

SAMEN & KERNE

Sesamsamen: In Korea sind helle wie dunkle Sesamsamen überaus beliebt: Die hellen Samen vor allem als Gewürz, indem sie geröstet und leicht zerstoßen mit etwas Salz vermischt werden. Nur leicht angeröstet werden sie aber auch häufig, wie die dunklen Sesamsamen, zur geschmacklichen Abrundung über Hauptgerichte, Salate und und Beilagen gestreut.

Pinienkerne: Ebenfalls sehr beliebt sind Pinienkerne, die geröstet oder pur zum Aromatisieren von pikanten Gerichten und Süßspeisen dienen.

ÖL & ESSIG

Öle: Die koreanische Küche ist wie die chinesische und japanische Küche nicht zuletzt deshalb so gesund, weil sie mit relativ wenig Fett auskommt und zum Kochen ausschließlich Öl – vor allem Sesam- und Sojaöl – verwendet.

Zum Frittieren eignet sich jedes neutrale Öl wie Maiskeimöl, Färberdistelöl, Sonnenblumenöl oder auch Sojaöl, während das aromatische tiefbraune Sesamöl (Cham girum) mit seinem leicht nussartigen Geschmack nicht nur zum Braten, Schmoren und Dünsten, sondern auch für Salatmarinaden und andere kalte Gerichte verwendet wird. Sollte Ihnen der Geschmack des Sesamöls zu intensiv sein, können Sie stattdessen auch ein neutral schmeckendes Öl verwenden oder das Sesamöl einfach zu gleichen Teilen mit einem neutralen Öl mischen.

Essig: Essig wird in der koreanischen Küche ausschließlich für Salate und andere kalte Gerichte verwendet, wobei man nicht selten einfach nur mit reichlich Wasser verdünnte Essigessenz nimmt. Wesentlich milder schmeckt dagegen der tiefdunkle oder schwarze Reisessig, der einen besonders niedrigen Säuregehalt hat.

Reisessig bekommen Sie in den meisten Asia-Läden, wo allerdings meist japanische oder chinesische Marken wie etwa Reisessig aus Zhenjiang angeboten werden (der aber genauso gut ist wie koreanischer Reisessig). Darüber hinaus wird in Korea neben Obstessig auch Getreideessig verwendet, der etwa unserem Branntweinessig entspricht.

FÜR EIN KOREANISCHES MENÜ BRAUCHEN SIE BEI NORMALER KÜCHENAUSSTATTUNG AUSSER EINEM MÖRSER UND DEN ESSSTÄBCHEN KEINE BESONDEREN KOCHUTENSILIEN. AUCH DIE ZUBEREITUNG DER SPEISEN IST IM PRINZIP GANZ EINFACH – DAZU GEHÖRT VOR ALLEM DAS VORBEREITEN UND KLEINSCHNEIDEN ALLER ZUTATEN, DENN BEI TISCH WERDEN KEINE MESSER VERWENDET.

WIE KOCHT MAN IN KOREA?

SINNVOLLE KÜCHENGERÄTE

Für die Zubereitung koreanischer Gerichte sind in der Regel keine besonderen Küchengeräte erforderlich, denn die wenigen Utensilien, die man dafür braucht, sind in den meisten Küchen ohnehin vorhanden:

Pfannen/Töpfe: Wichtig sind ein bis zwei große (beschichtete) Pfannen, vorzugsweise mit schweren, hitzeleitfähigen Böden, und/oder ein großer Wok, möglichst aus Gusseisen, da Gemüse und Fleisch auf diese Weise am schnellsten und gleichmäßigsten garen. Für Suppen, Eintöpfe oder zum Reiskochen brauchen Sie außerdem einige höhere Töpfe mit Deckel, die ebenfalls einen möglichst schweren Boden haben sollten.

Küchenmesser: Unerlässlich sind auch einige scharfe Küchenmesser in verschiedenen Größen, denn alle Zutaten werden vor der Zubereitung in mundgerechte Stücke geschnitten, um sie mit den Essstäbchen greifen zu können. Um manche Gemüse wie Zucchini, Kohlrabi oder Gurken in feine Scheiben zu schneiden, ist ein Gurkenhobel sehr hilfreich.

Mörser: Sehr sinnvoll ist außerdem ein großer Mörser, um darin Würzzutaten wie Chilischoten oder Sesamsamen fein zu zerreiben. Ersatzweise können Sie zwar auch einen Mixer verwenden, aber das Aroma bleibt beim Zerkleinern im Mörser wesentlich besser erhalten.

Sonstiges: Hilfreich sind darüber hinaus Schneebesen und Kochlöffel zum Rühren, sowie ein Stabmixer zum Pürieren und ein Schaumlöffel für Pochiertes und Frittiertes.

Schüsseln/Teller: Zum Servieren werden alle Gerichte und Beilagen gleichzeitig in großen und kleinen Schüsseln und Schälchen bzw. auf Tellern und Platten angerichtet, sodass Sie einen ausreichenden Vorrat davon bereit halten sollten.

Besteck: In Korea verwendet man bei Tisch weder Gabel noch Messer, sondern ausschließlich Essstäbchen (meist aus Metall) und die auch bei uns üblichen Esslöffel.

DAS A UND O: DIE VORBEREITUNG

Das Wichtigste in der koreanischen Küche ist die Vorbereitung, das heißt das Kleinschneiden von Gemüse, Fleisch, Fisch und anderen größeren Zutaten, denn dadurch wird die Garzeit verkürzt und die hitzeempfindlichen Vitamine im Gemüse bleiben besser erhalten Außerdem lässt sich an der sorgfältigen Vorbereitung erkennen, dass das Gericht mit Aufmerksamkeit und Geduld zubereitet wurde, was wiederum die Harmonie beim Essen fördert und das Kibun aller Beteiligten stärkt.

Diagonal schneiden: Bei länglich-runden Gemüsearten wie Zucchini, Rettich, Kohlrabi oder Gurke entstehen durch das diagonale Schneiden schöne ovale oder elliptische Formen. Bei Fleisch empfiehlt es sich, das Fleischstück je nach Größe zuerst mit einem scharfen Messer in Scheiben zu schneiden und das Messer danach quer zur Faser im 45°-Winkel von links oben nach rechts unten an der Oberfläche der Scheiben anzusetzen. Auf diese Weise entstehen dünne Streifen, die sehr rasch garen und zugleich zart bleiben.

Streifen und Stifte schneiden: Vor allem Gemüsearten mit etwas härterer Konsistenz wie Karotten, Kohlrabi oder Sellerie werden zuerst in sehr dünne Scheiben und danach in hauchdünne, etwa streichholzlange Streifen oder Stifte geschnitten.

Würfel schneiden: Für bestimmte Rezepte wie bespielsweise Kimchi werden manche Gemüsearten wie etwa Rettich traditionell auch in etwa 1 x 1 cm große Würfel geschnitten.

Filetieren: Beim Filetieren von Fisch wird das Fleisch zuerst mit einem scharfen Messer an Kopf, Bauch und Schwanzflosse sowie entlang des Rückrats bis zur dicken Rückengräte eingeschnitten. Danach wird ein biegsames langes Messer unter den Kopfeinschnitt geschoben und vorsichtig so lange immer wieder Richtung Schwanz gebogen, bis sich das Fleisch von den Gräten löst. Das Fischfilet abheben und in mundgerechte Stücke schneiden.

DIE RICHTIGE ZUBEREITUNG

Sind Gemüse, Fleisch, Fisch und Gewürze erst einmal vorbereitet, ist die meiste Arbeit schon getan, denn die reine Garzeit dauert in der koranischen Küche meist nicht lange:

Marinieren: Um Fleisch und Fisch ein besonderes Aroma zu verleihen, werden die in mundgerechte dünne Scheiben, Streifen oder Würfel geschnittenen Stücke bei manchen Rezepten zuerst in eine würzige Marinade eingelegt. Sie besteht in der Regel aus einer Mischung aus Sojasauce und Reiswein oder Soju (koreanischer Schnaps), klein geschnittenem Gemüse, Knoblauch und natürlich verschiedenen Gewürzen, wozu wegen des scharfen Aromas häufig auch eine Chilischote oder Chilipaste gehört.

Blanchieren: Damit feines Blattgemüse wie zarter Kohl oder Spinat schön knackig bleibt und seine Farbe nicht verliert, werden die Blätter meist nur für einige Sekunden in kochendem Wasser oder etwas erhitztem Öl geschwenkt und sofort wieder herausgenommen.

Schmoren/Dünsten: Die wichtigste Zubereitungsart für Gemüse ist das Schmoren. Dafür wird in einer großen Pfanne oder einem Wok etwas Öl erhitzt und darin – sofern im Rezept vorgesehen – zuerst der Knoblauch kurz angeröstet. Danach folgen die in kleine Würfel oder feine Streifen geschnittenen Zwiebeln und alle Gemüsesorten mit etwas längerer Garzeit, wie Karotten, Kohlrabi, Blumenkohl, Fenchel oder Sellerie. Nach 2–3 Minuten werden dann die nur kurz garenden Gemüsearten wie Zucchini, Paprika, Lauch und Pilze zugefügt, alles ebenfalls in feine Streifen oder Stifte bzw. in kleine Würfel geschnitten, und zum Schluss die Sprossen untergemischt. Wichtig ist, dass das Gemüse nach dem Garen nicht zu weich ist, sondern noch etwas Biss hat.

Grillen/Braten/Backen: Marinierte dünne Fleischscheiben wie das berühmte Bul Go Gi werden in Korea traditionell in einer in der Mitte leicht nach oben gewölbten Spezialpfanne über Holzkohle am Tisch gegrillt, sie können genauso gut aber auch in etwas Öl in der Pfanne von beiden Seiten kurz gebraten werden. Auch (eingelegte) Fisch-, Geflügel- und Fleischstücke oder -spieße, klein gewürfelter Tofu oder die in Korea überaus beliebten Pfannkuchen werden in der Pfanne in etwas Öl knusprig gebraten bzw. gebacken.

Frittieren: Gemüse-, Fleisch- und Fischstücke im Teigmantel oder Gemüsechips werden in reichlich heißem Öl schwimmend ausgebacken. Sobald sie goldbraun und knusprig sind, hebt man sie mit dem Schaumlöffel heraus und lässt sie auf Küchenpapier abtropfen. Wichtig ist, dass das Öl keinen Eigengeschmack besitzt und häufig gewechselt wird.

Pochieren: Manche Gerichte wie etwa gefüllte Teigtaschen (Man du) werden für einige Minuten in siedendem Wasser oder Brühe gegart und anschließend mit dem Schaumlöffel vorsichtig herausgehoben.

DIE KURZEN GARZEITEN BEIM GEMÜSE SIND NICHT NUR BESONDERS VITAMINSCHONEND, SONDERN SORGEN AUCH DAFÜR, DASS ES SEINE FRISCHE FARBE BEHÄLT, WAS FÜR DIE KOREANER HINSICHTLICH DER HARMONIE VON YIN UND YANG EINE WICHTIGE ROLLE SPIELT. DENN JEDE FARBE ENTSPRICHT EINER BESTIMMTEN ENERGIE, DIE UNTER ANDEREM DEN HIMMELSRICHTUNGEN ZUGEORDNET WERDEN.

HARMONIE DER FARBEN

Auch im Alltag achtet man in Korea darauf, dass die fertigen Speisen ein Fest für das Auge sind. Dazu gehören vor allem die Farben der Zutaten, denn nur wenn alle fünf Farben nach der Fünf-Elemente-Lehre bei einer Mahlzeit vertreten sind, gilt sie auch als gelungen: Schwarz, der Norden, lässt sich beispielsweise mit Algen oder Morcheln (Mu-Err) darstellen, Weiß, der Westen, kann durch Rettich oder Reis repräsentiert werden, Grün, der Osten, durch Spinat, Salat und grünes Gemüse, Rot, der Süden, mit roten Chilischoten oder Radieschen, und Gelb, die Mitte, kann mit Eigelb oder gelben Paprikaschoten vertreten sein.

HARMONIE BEI TISCH

Ein gewöhnliches Alltagsessen besteht in Korea immer aus den Grundgerichten Suppe und Reis sowie drei bis fünf Hauptgerichten (Cheop) einschließlich des obligatorischen Kimchi, dazu kommen noch die üblichen Würzsaucen, also Soja- und Chilisauce. Dafür werden beim Tischdecken jeweils eine Reisschale auf die linke Seite des Esstellers, die Suppenschale rechts vor den Teller gestellt. Auf der rechten Seite des Tellers liegen auch Stäbchen und Esslöffel, wobei nur Reis und Suppe mit dem Löffel (Reis auch mit Stäbchen) gegessen werden. Die Saucen stehen in zweiter Reihe vor dem Teller, während die Hauptgerichte, für die ausschließlich Stäbchen verwendet werden, zugedeckt in Schüsseln und -schalen in die Mitte des Tisches kommen, sodass sich jeder beim Essen selbst bedienen kann.

Auch bei einem Festtagsmenü, zu dem je nach Anlass sieben, neun oder zwölf Hauptgerichte und mehr gehören, werden die Speisen nicht wie bei uns nacheinander serviert, sondern kommen alle auf einmal auf den Tisch, wobei die Suppe nicht am Anfang, sondern auch zwischendurch gegessen wird. Nur süße Nachspeisen oder Früchte werden manchmal erst im Anschluss an das Hauptmenü serviert.

GUTES BENEHMEN BEI TISCH IST EIN ABSOLUTES MUSS IN KOREA. DAMIT IST ALLERDINGS KEINE STEIFE ETIKETTE GEMEINT, SONDERN NUR EINE BESTIMMTE HÖFLICHKEIT GEGENÜBER SEINEN TISCHGENOSSEN UND DEM GASTGEBER, DER KEINE MÜHE SCHEUEN WIRD, SEINE GÄSTE IMMER SO ZU BEWIRTEN, DASS ES IHNEN AN NICHTS FEHLT.

WIE ISST MAN IN KOREA?

ANDERES LAND – ANDERE TISCHSITTEN

Nicht nur gutes Essen, sondern auch gute Manieren bei Tisch spielen in Korea eine große Rolle, und diese unterscheiden sich teilweise erheblich von unseren. So gilt es beispielsweise als sehr unhöflich, während des Essens viel zu sprechen, und als äußerst peinlich, sich bei Tisch die Nase zu putzen. Aber es gibt noch einige andere Regeln, die in Korea während einer Mahlzeit zum guten Ton gehören:

VOR DEM ESSEN

Wenn die Schüsseln auf dem Tisch stehen und alle davor Platz genommen haben, beginnt man gemeinsam mit dem Essen oder wartet, bis die oder der Älteste als Respektsperson das entsprechende Zeichen gibt.
Manchmal wird die Mahlzeit – vor allem bei einem größeren Menü – auch zuerst mit einem Schälchen lauwarmem Reiswein oder einem heißen grünen Tee eröffnet.

WÄHREND DER MAHLZEIT

Beim Essen gilt, dass Stäbchen und Löffel nie gleichzeitig verwendet und bei einer Essenspause und nach der Mahlzeit wieder an ihrer ursprünglichen Platz gelegt werden. Keinesfalls darf man die Stäbchen in den Reis stecken, da eine Schale mit Reis und senkrecht hineingesteckten Stäbchen zum Ahnenkult gehört.
Als unhöflich gilt auch das Herumwedeln mit den Stäbchen während des Essens oder bei der Selbstbedienung aus den gemeinsamen Schüsseln.
Da es bei Tisch keine Messer gibt, werden zu große Stücke einfach mit einer bereitliegenden Schere zerkleinert.

Wichtig ist auch das korrekte Benutzen der Stäbchen: Das bewegliche obere Stäbchen wird mit Daumen- und Zeigefingerspitze gehalten, das fixe untere Stäbchen klemmt man zwischen dem unteren Daumenglied und Mittel- und Ringfingerspitze fest.

Ganz anders als in China und Japan gilt es in Korea als Fauxpas, die Reis- oder Suppenschale bzw. den Essteller während der Mahlzeit in die Hand zu nehmen oder gar zum Mund zu führen.

Die Getränke werden – vor allem bei älteren Respektspersonen – immer mit beiden Händen eingeschenkt und das Glas oder die Trinkschale auch immer mit beiden Händen entgegengenommen.

Nimmt man als Gast an einer Mahlzeit teil und der Gastgeber ist älter als man selbst, wendet man sich beim Weintrinken aus Respekt vor seinem Gegenüber nach dem Zuprosten etwas zur Seite, ehe man trinkt.

NACH DEM ESSEN

Als sehr unhöflich gilt es in Korea, wenn man mit dem Essen früher fertig ist als die anderen bzw. als die oder der Älteste in der Runde.

Außerdem sollte man als Gast immer einen kleinen Anstandsrest – mit Ausnahme der Reisportion – auf dem Teller zurücklassen, denn sonst würde man das Kibun des Gastgebers verletzen, weil er offensichtlich nicht genug gekocht hat.

In der Regel wird zum Abschluss der Mahlzeit Reistee (Sung nyung) serviert, der immer pur, also ohne Zucker, Zitrone und Milch getrunken wird.

Nach dem Essen bedankt man sich bei seinem Gastgeber mit dem Worten: "Yalmuk ut sup ni da" („Ich habe ein gutes Essen genossen").

OB MANJUANG (WEIN), SOJU (SCHNAPS), REISWEIN ODER GINSENG-TEE – DIE GETRÄNKE-
VIELFALT IN KOREA IST GROSS. ES GIBT SOGAR EINE KOREANISCHE TEEZEREMONIE,
DIE ZWAR WÄHREND DER JAHRHUNDERTELANGEN KONFUZIANISCH GEPRÄGTEN EPOCHE
DER YI-DYNASTIE FAST IN VERGESSENHEIT GERATEN WAR, SEIT EINIGEN JAHRZEHNTEN
ABER WIEDER EINE RENAISSANCE ERLEBT.

WAS TRINKT MAN IN KOREA?

TEE ZU JEDER JAHRESZEIT

Häufigstes nichtalkoholisches Getränk in Korea ist Tee, wobei neben grünem Tee auch zahlreiche andere Tees aus Reis, Getreide, Früchten und Wurzeln zubereitet werden:

GRÜNER TEE

Grüner Tee (Nok cha), der aus den getrockneten, nicht fermentierten Blättern des Tee-
strauchs besteht, wurde im 9. Jahrhundert aus China importiert und war wegen seiner angenehm belebenden Wirkung anfangs vor allem bei den buddhistischen Mönchen beliebt,
die sich während ihrer langen Meditationsstunden damit wachhielten. Bald verbreitete er
sich aber auch innerhalb der übrigen Bevölkerung und ab dem 10. Jahrhundert überwach-
te ein spezieller Teemeister des koreanischen Königshofs Anbau und Ernte der kostbaren
Blätter. Während der Zeit der Koryo-Dynastie (918–1392) entstand in den buddhistischen
Tempeln auch die koreanische Teezeremonie (Da do = „Weg des Tees"), die lange Zeit fast
vergessen war, in den traditionellen Teehäusern heute aber wieder häufiger praktiziert wird.

REISTEE

Auf die Reiszubereitung geht der Reistee (Sung nyung) zurück, der in Korea anstelle eines
Espressos oder Kaffees obligatorisch nach jeder Mahlzeit serviert wird und dessen Entste-
hungsgeschichte schnell erzählt ist: In einer traditionellen Küche war der große, guss-
eiserne Kochkessel früher fest über der Feuerstelle eingebaut, sodass sich der ab und an
beim Kochen angesetzte Reis nur schwer wieder aus dem unbeweglichen Gefäß entfernen
ließ. Also goss man Wasser auf den noch heißen Kesselboden, um den Reis aufzuweichen,
und fand heraus, dass dieses heißes Reiswasser sehr angenehm schmeckte...

SELBST WENN ES FÜR MANCHE UNGEWÖHNLICH KLINGT – AUCH IN KOREA WERDEN AUS-
GEZEICHNETE WEINE PRODUZIERT, DEREN QUALITÄT SICH DURCHAUS MIT DEN DEUTSCHEN
WEINEN MESSEN KANN. WEITERE BELIEBTE ALKOHOLISCHE GETRÄNKE SIND NEBEN BIER
UND SCHNAPS DIE UNTERSCHIEDLICHEN REISWEINE UND FRUCHTLIKÖRE, VON DENEN ES
JEWEILS VIELE VERSCHIEDENE SORTEN GIBT.

GERSTEN- UND MAIS-TEE

In Korea sehr beliebt ist auch Gersten-Tee (Bori cha), der aus gerösteten und in Wasser gegarten Gerstenkörnern besteht und warm oder kalt anstelle von Wasser serviert wird, sowie
Mais-Tee (Oksusu cha), den man auf die gleiche Weise zubereitet und verwendet.

GINSENG-TEE

Als wahres Allheilmittel gegen Abwehrschwäche und Müdigkeit sowie zur Anregung des ge-
samten Stoffwechsels und zur Stärkung der Leber gilt in Korea der Ginseng-Tee (Insam Cha).
Man kann ihn fertig als Pulver oder Granulat kaufen, er schmeckt aber noch besser, wenn
er aus den frischen Wurzeln zubereitet wird. Diese werden geschält, in dünne Streifen geschnitten, mit etwas Honig vermischt und eine Weile stehen gelassen. Anschließend über-
gießt man sie mit kochendem Wasser, lässt den Tee einige Minuten ziehen und trinkt ihn
nach dem Abseihen möglichst heiß.

INGWER-TEE

Ein weiterer beliebter koreanischer Heiltee, der vor allem bei Erkältungen sehr hilfreich sein
soll, aber auch sonst häufig getrunken wird, ist ein Tee aus Ingwer (Saenggang cha). Er
kann je nach Zubereitungsweise sehr scharf schmecken und wird auf die gleiche Weise wie
Ginseng-Tee zubereitet.

PFEILWURZEL-TEE

Auch aus den stärkehaltigen, leicht süßlich schmeckenden Pfeilwurzeln wird in Korea ein
wohlschmeckender Gesundheitstee (Chik cha) zubereitet, der vor allem bei älteren Menschen sehr beliebt ist, weil er sehr gut gegen Muskelschmerzen und bei Verdauungsbe-
schwerden helfen soll.

ALKOHOLISCHE GETRÄNKEVIELFALT

Bei den alkoholischen Getränke stehen in Korea vor allem Reiswein, Reisschnaps (Yakju)
und Schnaps (Soju) hoch im Kurs. Reiswein und -schnaps bilden außerdem die Grundlage
für zahlreiche Frucht- und Heilweine bzw. für hochprozentige Liköre, für die u.a. grüne
Pflaumen, chinesische Quitten, Kirschen, Granatäpfel, Pinienkerne, Magnolienblüten und
Ginsengwurzeln verwendet werden.

REISWEIN UND –SCHNAPS

Beim Reiswein unterscheiden die Koreaner zwischen dem milchig-trüben, nur leicht vergo-renen Makolli, der in Korea sehr beliebt ist, dem ebenfalls sehr milden Dongdongju, dem etwas hochprozentigeren klaren Cheongju und dem ebenfalls klaren Beobju. Zu den klaren Reisschnäpsen gehört dagegen der Yakju.

Makolli: Dieser ungeläuterte Reiswein mit niedrigem Alkoholgehalt, der an eine Mischung aus Weißwein und Joghurt erinnert, gilt als der ursprünglichste aller Reisweine.

Dongdongju: Mit 7–9% Alkoholgehalt gehört dieser schmackhafte Reiswein ebenfalls zu den milden, milchig-trüben Reisweinen.

Cheongju: Er entspricht dem japanischen Sake und zählt mit seinem leicht bitter-süßlichen Aroma zu den hochwertigen Reisweinen.

Beobju: Er erfüllt die gleichen Qualitätskriterien wie der Cheongju und besticht durch sei-nen feinen, samtigen Geschmack.

Yakju: So wird der Reisschnaps bezeichnet, der aus hochwertigem Reiswein hergestellt wird und einen Alkoholgehalt von 24% hat.

SCHNAPS

Früher wurde Soju, ein „Klarer", der einst von den Mongolen importiert gewurde und heute als das beliebteste alkoholische Getränk in Korea gilt, aus Weizen oder Roggen gebrannt. Inzwischen wird er vorwiegend aus Süßkartoffeln hergestellt und erinnert in Aussehen und Geschmack an russischen Wodka.

WEIN

Noch nicht ganz so populär wie die traditionellen Reisweine ist der aus Trauben gekelterte Wein (Majuang), der aber auch in Korea zunehmend beliebter wird. Da die Klimabedingun-gen der südkoreanischen Weinregionen in etwa denen der deutschen Rheinanbaugebiete entsprechen und dort auch die gleichen Rebsorten kultiviert bzw. die gleichen Keltertech-niken angewendet werden, lassen sich die koreanischen Weine in Geschmack und Qualität kaum von deutschen Rheinweinen unterscheiden.

Menü 1

IM ERSTEN MENÜ
(FÜR VIER PERSONEN)
LERNEN SIE EINEN
KOREANISCHEN KLASSIKER
KENNEN: BUL GO GI,
DAS FEUERFLEISCH. DAVOR
KÖNNEN SIE EINEN EXQUI-
SITEN GLASNUDELSALAT,
EINE BUNTE ZUCCHINI-
SUPPE UND ZARTEN FISCH
PROBIEREN UND DAS
MENÜ MIT FRÜCHTEN IN
CHAMPAGNER-GELEE
BESCHLIESSEN.

GLASIERTER GLASNUDELSALAT MIT CREVETTEN UND KORIANDER

ZUTATEN

300 g Glasnudeln

100 g Lauch (Porree)

100 g Austernpilze

100 g Karotten

2 weiße Zwiebeln

20 ml Sesamöl

100 g Sojasprossen

200 g Crevetten

40 ml Sojasauce

40 ml Fischsauce

4 EL Schnittlauch-
röllchen

20 ml Chilisauce

1 Bund Koriander

Salz, Pfeffer

evtl. 1 Stück Chili-
schote

ZUBEREITUNG

1 Die Glasnudeln in reichlich kaltem Wasser 20–30 Minuten einweichen. In der Zwischenzeit den Lauch putzen, waschen und in schmale Ringe schneiden. Die Pilze und Karotten putzen und in feine Streifen schneiden. Die Zwiebeln abziehen und fein würfeln.

2 In einer großen Pfanne oder einem Wok etwas Öl erhitzen und darin zuerst die Zwiebeln, dann die Karotten und die Sprossen kurz anschmoren. Die Crevetten dazu geben,

alles 5–6 Minuten bei geringer Hitze ziehen lassen. Den Lauch zufügen und die Soja- und Fischsauce unterrühren.

3 Die Glasnudeln abtropfen lassen, unter die Gemüse-Crevetten-Mischung heben und alles bei kleinster Hitze einige Minuten nur ganz leicht ziehen lassen.

4 Das restliche Sesamöl unterrühren, die Schnittlauchröllchen zufügen, alles durchschwenken und die Chilisauce untermischen.

5 Den Koriander waschen, einige Stiele zum Garnieren beiseite legen und den Rest klein schneiden. Die klein geschnittenen Korianderblätter unter den Glasnudelsalat mischen und alles mit etwas Salz und Pfeffer abschmecken.

6 Nach Belieben noch etwas entkernte und in kleine Würfel geschnittene Chilischote unter den Salat mischen.

ANRICHTEN

Den Glasnudelsalat auf einem tiefen Teller anrichten und mit Korianderzweigen dekoriert servieren.

Tipp: Sehr gut schmeckt der Salat auch, wenn Sie noch 1–2 EL geröstete Sesamsamen darüber streuen. Oder Sie bereiten aus 1–2 Eiern ein Rührei zu, das Sie abkühlen lassen, in schmale Streifen schneiden und auf dem Glasnudelsalat verteilen.

IN DER KOREANISCHEN KÜCHE SEHR BELIEBT SIND DIE HAUCHDÜNNEN GLASNUDELN, DIE NUR IN KALTEM (!) WASSER EINGEWEICHT WERDEN MÜSSEN. ALS ZUTAT IN WARMEN GERICHTEN FÜGT MAN SIE ERST GANZ ZUM SCHLUSS HINZU.

ZWEIFARBIGE ZUCCHINISUPPE MIT INGWERCROÛTONS UND GINSENGSCHAUM

ZUTATEN

400 g Zucchini, gelb

60 g Butter

2 EL Ingwer, gehackt

40 ml Weißwein

500 g flüssige Sahne

500 g Zucchini, grün

2 Knoblauchzehen

40 ml Reiswein (Sake)

1 TL Kurkumapulver

2 Scheiben Toastbrot

1 EL Ginseng-Granulat

4 EL Sahne, sehr steif

geschlagen

Salz

ZUBEREITUNG

1 Die gelben Zucchini waschen, halbieren und das Fruchtfleisch herauskratzen. Die Zucchini würfeln und in einem Topf in 1 Teelöffel Butter mit 1/3 der Ingwermenge für 2–3 Minuten andünsten.

2 Den Wein zugießen, vollständig einkochen lassen und die Hälfte der Sahne unterrühren. Alles 5–10 Minuten bei geringer Hitze garen und beiseite stellen.

3 Die grünen Zucchini ebenso vorbereiten wie die gelben.

Den Knoblauch abziehen und fein hacken. Die Zucchini in 1 Teelöffel Butter mit 1 Teelöffel Ingwer und dem Knoblauch anschmoren.

4 Alles mit dem Reiswein ablöschen und einreduzieren lassen. Die restliche Sahne und das Kurkumapulver einrühren, alles 5–10 Minuten bei geringer Hitze garen und beiseite stellen.

5 Von den Toastscheiben die Rinde abschneiden. Das Brot in kleine Würfel schneiden und in

einer Pfanne in der restlichen Butter zusammen mit dem restlichen Ingwer goldgelb rösten. Die Croûtons zum Abtropfen auf ein Küchentuch legen.

6 Für den Ginsengschaum das Ginsenggranulat unter die geschlagene Sahne heben und mit etwas Salz abschmecken.

7 Beide Suppen nochmals kurz erwärmen, mit Salz würzen und getrennt mit dem Stabmixer fein pürieren, bis sich Schaum bildet.

ANRICHTEN

1 Die beiden Suppen nacheinander vorsichtig so auf vier Teller verteilen, dass sie sich dabei nicht vermischen.

2 Mit einem Esslöffel jeweils einen Klecks Ginsengsahne in der Mitte der Suppe verteilen.

3 Die lauwarmen Croûtons um die Sahne herum auf der Suppe verteilen.

NACH BELIEBEN KÖNNEN SIE ZUM SCHLUSS NOCH JEWEILS 1 ESSLÖFFEL SCHNITTLAUCH ÜBER DIE SUPPE STREUEN – DURCH SEINE LEICHTE SCHÄRFE PASST ER AUSGEZEICHNET ZUM INGWER- UND GINSENGAROMA.

GLASIERTES FISCHSATE MIT SPROSSENGEMÜSE UND KAROTTEN-ORANGEN-SAUCE

ZUTATEN

4 Seefisch-Spieße

à 200 g

80 ml Sojasauce

200 g Sojasprossen

80 g Alfalfasprossen

100 g Bambussprossen

je 1 rote und grüne

Paprikaschote

150–200 g Karotten

1 Zwiebel

2 Orangen

50 g Kimchi (Dose)

2 EL neutrales Öl

200 ml Geflügelbrühe

1 Zitrone

ZUBEREITUNG

1 Die Fischspieße auf einen tiefen Teller legen und mit der Sojasauce beträufeln. Die Sprossen waschen und abtropfen lassen, die Bambussprossen in feine Streifen schneiden. Die Paprikaschoten waschen, entkernen und in feine Streifen schneiden.

2 Die Karotten schälen, die Zwiebel abziehen und beides klein würfeln. Von einer Orange den Saft auspressen. Das Kimchi mit dem Mixstab pürieren oder durch ein Sieb passieren.

3 Etwas Öl in einem Topf erhitzen und die Zwiebel- und Karottenwürfel darin andünsten. Das Gemüse mit dem Orangensaft und der Brühe ablöschen und alles einige Minuten bei geringer Hitze garen, bis die Gemüsewürfel weich sind.

4 Die Gemüsemischung mit dem Mixstab pürieren. Das Kimchi dazu geben und alles so lange kochen, bis die Sauce sämig ist. Die Sauce nochmals pürieren und durch ein feines Sieb passieren.

5 Die Spieße aus der Marinade nehmen und die Sojasauce beiseite stellen.

6 Etwas Öl in einer Pfanne oder einem Wok erhitzen und die Paprikastreifen kurz darin dünsten. Die Sprossen zufügen, 2 Minuten garen und die Sojasauce darüber gießen (das Gemüse sollte nicht zu viel Sauce haben).

7 Das restliche Öl in einer großen Pfanne erhitzen und die Fischspieße darin von allen Seiten knusprig braten.

ANRICHTEN

1 Die zweite Orange schälen, halbieren und filetieren.

2 Das Sprossengemüse auf vier Teller verteilen, jeweils einen Fischspieß darauf legen und alles mit der Gemüsesauce übergießen oder die Sauce um das Gemüse herum verteilen.

3 Fisch und Gemüse mit etwas Zitronensaft beträufeln und mit den Orangenfilets garniert servieren.

ETWAS SCHÄRFEN UND NOCH WÜRZIGER SCHMECKEN DIE FISCHSPIESSE, WENN SIE VOR DEM MARINIEREN ETWAS FEIN ZERRIEBENE CHILISCHOTE UND/ODER KREUZKÜMMEL (KUMIN) UNTER DIE SOJASAUCE RÜHREN.

BUL GO GI – KLASSISCHES KOREANISCHES RINDERFILET MIT CHILI-AROMA

ZUTATEN

5 Knoblauchzehen

1/2 kleine Lauchstange

1 Stück Chilischote

2 EL helle Sesamsamen

5 EL Zucker

6 EL Reiswein (oder Sake)

80 ml Sojasauce

Salz, Pfeffer

900 g Rinderfilet

2 EL Sesamöl

250 ml Gemüse- oder Geflügelbrühe

ZUBEREITUNG

1 Für die Marinade den Knoblauch abziehen und durch die Presse drücken oder sehr fein schneiden. Den Lauch waschen, putzen und zusammen mit dem Grün fein hacken. Die entkernte Chilischote und die Sesamsamen im Mörser zerreiben.

2 Zucker, Reiswein, Sojasauce, Lauch, Knoblauch, Sesam, Chilischote und etwas Salz und Pfeffer zu einer Marinade verrühren.

3 Das Rinderfilet in 8 dünne Scheiben schneiden, leicht flach drücken, in die Marinade legen und etwa 1 Stunde ziehen lassen. Die Filetstücke herausnehmen, abtropfen lassen und die Marinade beiseite stellen.

4 In einer großen Pfanne das Öl erhitzen und das Fleisch darin nicht zu scharf anbraten, damit die zuckerhaltige Marinade nicht verbrennt, das Filet aber trotzdem leicht Farbe bekommt. Das Fleisch beim Braten ein- bis zweimal wenden und herausnehmen.

5 Die Brühe in die Pfanne gießen und den Bratensatz unter Rühren lösen. Die Marinade zufügen und etwa 5 Minuten einkochen lassen, sodass eine sämige Sauce entsteht.

6 Die Rinderfilets zum Erhitzen nochmals kurz in die Pfanne geben und einmal in der Sauce wenden.

ANRICHTEN

Jeweils 2 Filetscheiben auf vier Tellern anordnen, mit der Sauce übergießen und sofort servieren.

Tipp: Beim klassischen Bul Go Gi wird das Filet in hauchdünne Scheiben geschnitten; in diesem Fall sind sie jedoch etwas dicker, damit sie weniger scharf schmecken. Als Beilage wird in Korea natürlich Reis gereicht – hier würde ein Duftreis oder ein Rösti mit Gemüse gut passen, dekoriert mit etwas Petersilie oder Schnittlauch.

IN KOREA SERVIERT MAN ZUM BUL GO GI MEISTENS NOCH EINEN BLATTSALAT. DANN WERDEN DIE FLEISCHSCHEIBEN IN DIE BLÄTTER EINGEHÜLLT UND MIT KNOBLAUCH UND CHILISAUCE ZU REIS UND NATÜRLICH KIMCHI GEREICHT.

KARAMELLISIERTE FRÜCHTE MIT CHAMPAGNER-GELEE UND SESAMKROKANT

ZUTATEN

Fest kochende Früchte (Birne, Apfel, Banane, Kirsche, Khaki, Mango), zusammen etwa 600 g netto

400 ml Champagner

180 g Zucker

4 Blatt weiße Gelatine

200 ml Reiswein (oder Sake)

200 ml Wasser

500 g brauner Zucker

200 ml weißer Rum

4 EL Sesamsamen

etwas Puderzucker

einige Minzeblätter

einige frische Beeren

ZUBEREITUNG

1 Die Früchte vorbereiten, in etwa 1 cm große Würfel schneiden und vermischen.

2 Für das Champagner-Gelee die Gelatine im Champagner einweichen. Den Champagner bei geringer Hitze langsam erhitzen, aber nicht kochen, 100 Gramm Zucker unterrühren, von der Kochplatte nehmen und 4–5 Minuten quellen lassen. Das Gelee in eine rechteckige Form füllen und im Kühlschrank in etwa 20–30 Minuten fest werden lassen.

3 Für den Fruchtkaramell den Sake mit dem Wasser und dem braunen Zucker in einem Topf vermischen, langsam zum Kochen bringen und so lange unter Rühren kochen, bis das Wasser und der Sake verdampft sind und der Zucker langsam zu karamellisieren beginnt.

4 Sobald der Zucker leicht Farbe bekommt, die Früchte in den flüssigen Zucker geben und vorsichtig durchrühren. Den Rum zugießen und rühren, bis ein glänzender Karamell entsteht. Die karamellisierten Füchte auf ein Backblech geben und in den Kühlschrank stellen.

5 Für den Sesamkrokant die Sesamsamen in einer beschichteten Pfanne unter Rühren goldgelb rösten. Den restlichen Zucker zugeben und unter ständigem Rühren rasch zu Krokant verarbeiten (das muss sehr rasch gehen, da der Zucker in der heißen Pfanne sonst verbrennt). Den Krokant aus der Pfanne nehmen.

ANRICHTEN

1 Die abgekühlten Früchte auf vier Teller verteilen. Das Gelee stürzen, in Scheiben schneiden und dekorativ um die Früchte anrichten. Den Sesamkrokant darüber streuen.

2 Alles mit etwas Puderzucker bestreuen und mit einigen Minzeblättern und frischen Beeren dekoriert servieren.

Tipp: Am besten bereiten Sie das Gelee schon 1–2 Stunden vorher zu, da es eine Weile dauert, bis es wirklich fest ist.

DIESES DESSERT SCHMECKT IM SOMMER BESONDERS ERFRISCHEND, WENN SIE NOCH EINE KALTE, NUR LEICHT GESÜSSTE FRUCHTSAUCE – VORZUGSWEISE AUS GANZ FRISCHEN BEEREN-FRÜCHTEN – ÜBER DEM CHAMPAGNER-GELEE VERTEILEN.

Menü 2

EUROASIATISCHE KÜCHE
DER EXTRAKLASSE ERWARTET
SIE BEI DIESEM MENÜ FÜR
VIER PERSONEN:
NACH FEIN AROMATISIERTEM
TATAR MIT LOTOS-CHIPS
UND LEICHTER SUPPE MIT
KIMCHI-TEMPURA FOLGEN
EDLE FISCHSPIESSE UND
EIN PERLHUHN-NAVARIN.
DEN **ABSCHLUSS** BILDEN
GLASIERTE FRÜCHTE
MIT SÜSSEN PINIENKERNEN.

RINDERTATAR MIT BIRNE UND SESAM ZU LOTOSWURZEL-CHIPS

ZUTATEN

400 g Rindertatar

2 EL helle Sesam-
samen

2 Frühlingszwiebeln

2 Eier

2 EL Chilisauce

3 EL Sesamöl

2 EL helle (!) Soja-
sauce

1 Nashibirne (oder

Williamsbirne)

Salz, Pfeffer

1 Lotoswurzel

Ruccola- oder

Radicchioblätter zum

Garnieren

ZUBEREITUNG

1 Das Tatar in eine Schüssel geben und mit der Gabel zer- pflücken. Die Sesam- samen in einer be- schichteten Pfanne unter Rühren gold- gelb rösten. Die Frühlingszwiebeln putzen und nur das Weiße sehr fein schneiden. Die Eier mit dem Schneebe- sen sehr schaumig schlagen.

2 Sesamsamen, Früh- lingszwiebeln, Eier, Chilisauce, 1 Esslöffel Sesamöl und die Sojasauce mit dem Schneebesen gründ- lich vermischen.

3 Die Birne schälen, vierteln, das Kernge- häuse entfernen und die Birnenviertel fein reiben. Das Birnen- mus unter die Sesam- Eier-Mischung rühren und die Marinade 10–15 Minuten zie- hen lassen.

4 Das Rindertatar und die Marinade mit einer Gabel gründlich vermischen. Das Tatar etwa 10 Minu- ten ruhen lassen und mit etwas Salz und Pfeffer abschmecken.

5 Während das Tatar zieht, die Lotoswur- zel in sehr dünne

Scheiben schneiden oder mit dem Gur- kenhobel in dünne Scheiben hobeln. Das restliche Öl in einer Pfanne erhitzen und die Scheiben darin in jeweils 2–3 Minuten von beiden Seiten knusprig braten, her- ausnehmen und auf Küchenpapier abtrop- fen lassen.

6 Die Salatblätter waschen und gut ab- tropfen lassen.

ANRICHTEN

Die Salatblätter auf einer Platte anord- nen. Das Tatar zu Nocken oder Kreisen formen, auf dem Sa- latbett verteilen und die Lotos-Chips lose darüber streuen.

Tipp: Wenn Sie es gerne noch pikanter mögen, können Sie zusätzlich etwas fein zerriebene Chilischo- te oder auch etwas Cayennepfeffer und Koriander unter die Marinade rühren.

ALS BEILAGE ZU DIESEM RINDERTATAR UND DEN LOTOS-CHIPS EIGNET SICH AM BESTEN KORE-
ANISCHES REISGEBÄCK, DAS WIE KÄSECRACKER AUSSIEHT UND EINEN LEICHTEN KNOBLAUCH-
GESCHMACK HAT.

GESCHÄUMTE ZWIEBELCREMESUPPE MIT PIKANTEN KIMCHI-TEMPURA

ZUTATEN

200 g weiße Zwiebeln

1 EL Butter

40 ml Reiswein (oder trockener Weißwein)

200 ml Geflügelbrühe (oder Gemüsebrühe)

200 g Sahne

Salz, Pfeffer

evtl. Knoblauch

30 g Reismehl

30 g Weizenmehl

100 ml Mineralwasser mit viel Kohlensäure

Öl zum Frittieren

60 g Kimchi (Dose)

frische Kräuter (Kerbel, Thai-Basilikum, Schnittlauch)

ZUBEREITUNG

1 Die Zwiebeln schälen und in feine Streifen schneiden. In einem breiten Topf die Butter erhitzen und die Zwiebelstreifen darin bei kleiner Hitze glasig dünsten.

2 Den Reiswein oder Weißwein zugießen, auf die Hälfte einkochen lassen, die Geflügelbrühe zufügen und alles bei mittlerer Hitze zugedeckt 10 Minuten kochen.

3 Die Sahne zufügen, die Suppe weitere 5–10 Minuten bei geringer Hitze zugedeckt kochen und mit einem Mixstab einige Minuten pürieren, sodass eine sehr glatte, dickflüssige Suppe entsteht. Die Suppe mit etwas Salz und Pfeffer und nach Belieben noch mit einem Hauch Knoblauch abschmecken.

4 Für den Tempurateig das Reismehl mit dem Weizenmehl und dem Mineralwasser mit dem Schneebesen glatt rühren und kurz quellen lassen. Wenn der Teig zu fest ist, noch 1 Esslöffel Mineralwasser unterrühren, sodass er zähflüssig wird.

5 In einem kleinen, hohen Topf das Frittieröl erhitzen. Inzwischen die Kimchi-Stücke mit einem Küchentuch sehr gut abtrocknen, sodass fast keine Feuchtigkeit mehr daran ist.

6 Jeweils ein Kimchi-Stück in den Tempurateig tauchen und in 3–4 Minuten im heißen Öl goldbraun frittieren. Die Kimchi-Tempura mit der Schaumkelle herausheben und auf einem Küchentuch kurz abtropfen lassen.

ANRICHTEN

Die Suppe auf vier Teller verteilen und die Kimchi-Tempura darauf legen. Die Suppe mit den Kräutern dekorieren und servieren.

Tipps: Diese Suppe sollte im Rahmen eines Menüs möglichst leicht sein; als eigenständiges Gericht können Sie aber ohne weiteres auch etwas mehr Sahne und Butter verwenden. Anstelle des Tempura-Teigs können Sie auch einen fertigen Tempura-Mix (aus dem Asia-Laden) nehmen.

FÜR DAS TEMPURA KÖNNEN SIE ANSTELLE VON KIMCHI EBENSO GUT AUCH FLEISCH, GARNELEN ODER PILZE – ALLES NATÜRLICH KLEIN GESCHNITTEN – UND STATT DER ZWIEBELN FÜR DIE SUPPE AUCH SPINAT ODER ZUCCHINI VERWENDEN.

SEETEUFELSPIESSE MIT AROMATISIERTEM GEMÜSE UND ZWIEBELSAUCE

ZUTATEN

500 g Seeteufelfilet
4 feste Zimtstangen
Salz, Pfeffer
Zucchini, Gurke, Ka-
rotten, weiße Rübe,
Rote Beete; zusam-
men ca. 400 g netto
je 1 TL Knoblauch,
Ingwer, Chilischote,
Seetang
2 EL Butter
40 ml Reiswein (Sake)
etwas Zimtpulver
100 ml guter Balsa-
micoessig
2 Schalotten
1 Orange
20 ml Noilly Prat
40 ml Fischfond
1 TL neutrales Öl
4 Kräuterzweige

ZUBEREITUNG

1 Das Seeteufelfilet in Würfel schneiden. Die Zimtstangen kurz in Wasser einweichen. Die Fischstücke auf die Zimtstangen stecken und mit etwas Salz und Pfeffer würzen. Das Gemüse putzen, waschen und in kleine Würfel oder eine andere schöne Form schneiden.

2 Knoblauch, Ingwer, Chili und Seetang fein schneiden und vorsichtig mit dem Gemüse mischen. In einer Pfanne oder einem Wok 1 Esslöffel Butter erhitzen und das Gemüse darin andünsten. Alles mit dem Reiswein ablöschen, etwas Zimt zufügen und etwa 5 Minuten bei geringer Hitze garen.

3 Den Balsamicoessig in einem kleinen Topf bei geringer Hitze langsam zähflüssig einkochen.

4 Für die Sauce die Schalotten abziehen und fein schneiden. Die Orange schälen, filetieren und den dabei entstehenden Saft auffangen. Die Orangenfilets halbieren und unter das Gemüse heben.

5 Die restliche Butter erhitzen und die Schalotten darin weich dünsten. Mit Noilly Prat und Fischfond ablöschen, etwas einreduzieren, den Orangensaft unterrühren und mit dem Mixstab schaumig aufschlagen.

6 In einer großen beschichteten Pfanne das Öl erhitzen und die Fischspieße darin von allen Seiten kurz goldgelb braten.

7 Das Gemüse bei mittlerer Hitze nochmals kurz durchschwenken.

ANRICHTEN

1 Das Gemüse auf vier Teller verteilen, je einen Fischspieß darauf legen und mit Sauce übergießen.

2 Je einen Kräuterzweig daneben legen und den Balsamico mit einem kleinen Löffel dekorativ um das Gemüse herum verteilen.

DIESES GERICHT EIGNET SICH AUCH GUT ALS VORSPEISE. DAFÜR DAS GEMÜSE AUF EINEM SA-
LATBETT ARRANGIEREN, DIE FISCHSPIESSE DARAUF LEGEN UND MIT EINGELEGTEN ODER ZU
BLÜTEN GESCHNITTENEN CHILISCHOTEN DEKORIEREN.

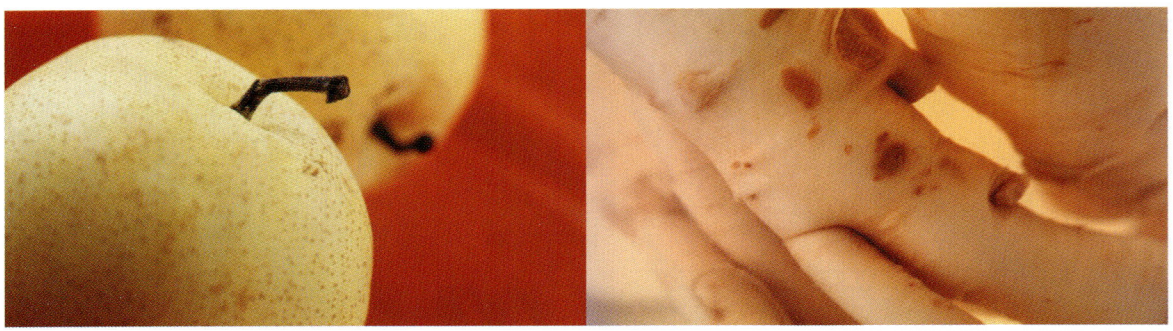

GINSENG-PERLHUHN-NAVARIN MIT PIKANTEM NASHIBIRNEN-CHUTNEY

ZUTATEN

3 Nashibirnen
4 reife Tomaten
2 Chilischoten
200 g Zwiebeln
200 g Karotten
300 g Knollensellerie
2 1/2 EL Ingwer
150 g Zucker
1 TL Sambal Oelek
1 Perlhuhn (vom
Metzger entbeinen
lassen, aber die Kno-
chen mitnehmen)
1 EL Öl
1–2 EL Ginsengwur-
zel, gerieben (oder
1 TL Ginseng-Pulver
oder 1–2 Päckchen
Ginseng-Granulat)
500 ml Geflügelbrühe

ZUBEREITUNG

1 Die Birnen schälen, entkernen und in 1 cm große Würfel schneiden. Die Tomaten mit kochendem Wasser übergießen, häuten, entkernen und in kleine Würfel schneiden. Die Chilischoten entkernen und etwas flach klopfen. Die Zwiebeln abziehen und fein würfeln. Karotten, Sellerie und Ingwer schälen und fein würfeln. Die Tomaten- und Sellerieabfälle beiseite stellen.

2 Für das Chutney die Birnen in einem Topf mit 2 Esslöffel Ingwer und dem Zucker vermischen und bei geringer Hitze zum Kochen bringen. Die Chilischoten und das Sambal oelek zugeben und alles etwa 10 Minuten kochen. Die Tomatenwürfel bis auf 2 Esslöffel zufügen, nochmals kurz aufkochen und das Chutney in eine Schale umfüllen, aber nicht kaltstellen.

3 Die Perlhuhnknochen etwas zerkleinern. In einem weiten Topf etwas Öl erhitzen, die Knochen hineingeben und leicht Farbe annehmen lassen. Die Sellerie- und Tomatenabfälle, etwas Ginseng sowie den restlichen Ingwer zufügen und die Brühe zugießen. Alles bei geringer Hitze zugedeckt 20 Minuten kochen und durch ein Sieb gießen.

4 Keulen und Brust des Perlhuhns halbieren. In einer großen Pfanne das restliche Öl erhitzen und die Zwiebeln darin bei mittlerer Hitze glasig anschwitzen. Die Karotten- und Selleriewürfel sowie die Perlhuhnstücke zufügen und das Perlhuhn von beiden Seiten anbraten. Geflügel und Gemüse mit dem vorbereiteten Fond ablöschen und 15–20 Minuten bei schwacher Hitze zugedeckt garen.

5 Fleisch und Gemüse mit dem Schaumlöffel herausheben und den Bratenfond zu einer sämigen Sauce einkochen. Die Perlhuhnstücke und das Gemüse in der Sauce erhitzen. Den übrigen Ginseng und die restlichen Tomatenstücke zufügen und alles nochmals kurz aufkochen.

WICHTIG BEI DIESEM GERICHT IST, DASS SIE DAS LAUWARM ABGEKÜHLTE CHUTNEY GETRENNT
ALS BEILAGE ZUM PERLHUHN-NAVARIN SERVIEREN, DAMIT SICH DIE FEIN AUFEINANDER
ABGESTIMMTEN AROMEN NICHT VERMISCHEN.

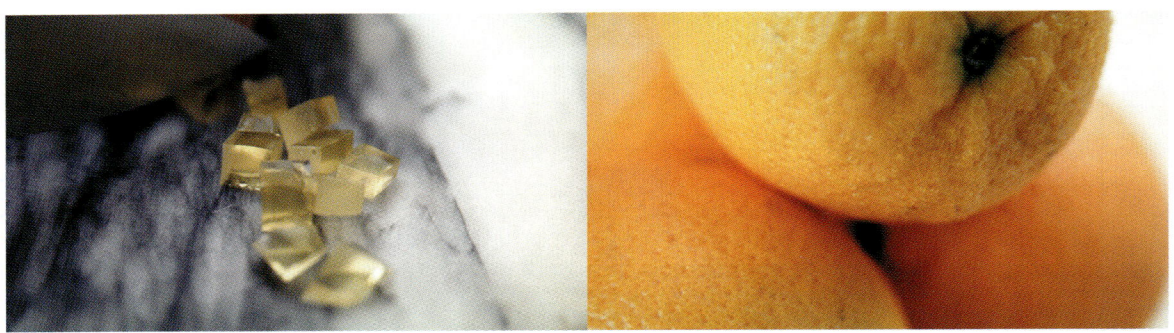

DREIERLEI GLASIERTE FRÜCHTE MIT KANDIERTEN PINIENKERNEN

ZUTATEN

4 Khaki-Früchte

500 g Pfirsiche

700 g Ananas

300 ml Ananassaft
(„Happy Day Ananas"
von Rauch)

300 ml Pfirsichsaft
(„Bravo Pfirsich" von
Rauch)

300 ml Aprikosensaft
(„Bravo Marille" von
Rauch)

100 g Zucker

100 g Pinienkerne

2 EL Honig

einige Minzeblätter
zum Garnieren

evtl. Puderzucker

ZUBEREITUNG

1 Die Khaki-Früchte und Pfirsiche waschen und abtrocknen. Die Pfirsiche häuten, halbieren und den Kern entfernen. Von der Ananas den Strunk entfernen und die Ananas großzügig schälen. Alle Früchte zu dekorativen mundgerechten Formen schneiden.

2 Die Fruchtsäfte getrennt in einem kleinen Topf langsam erhitzen und in etwa 20 Minuten bei geringer Hitze jeweils dickflüssig und leicht glänzend einkochen lassen.

3 Die Fruchtstücke in die jeweiligen Fruchtsäfte einlegen (die Khakifrüchte in den Aprikosensaft geben), einmal kurz darin schwenken und etwa 10 Minuten in dem heißen Saft ziehen lassen. Die Früchte mit einer Schaumkelle herausheben und abkühlen lassen.

4 In der Zwischenzeit den Zucker in einer beschichteten Pfanne bei mittlerer Hitze unter ständigem Rühren erwärmen. Wenn er zu karamellisieren beginnt, die Pinien-

kerne zufügen, leicht karamellisieren lassen und den Honig unterrühren. Sobald sich der Honig verflüssigt hat, die kandierten Pinienkerne auf ein Backblech verteilen und abkühlen lassen.

5 Die karamellisierten Pinienkerne mit einem Messer vom Backblech lösen.

ANRICHTEN

1 Die Fruchtstücke gleichmäßig auf vier Dessertteller verteilen und die abgekühlten kandierten Pinienkerne darüber streuen.

2 Jeweils 2–3 Minzestängel dekorativ auf dem Tellerrand anordnen, die Früchte nach Belieben mit etwas Puderzucker bestäuben und sofort servieren.

Tipp: Die drei Fruchtsaucen können Sie ohne weiteres auch schon 3–4 Stunden vor dem Anrichten vorbereiten.

ZUM EINDICKEN DER FRUCHTSÄFTE KÖNNEN SIE BEIM ERHITZEN AUCH JEWEILS EIN IN ETWAS
WASSER EINGEWEICHTE GELATINEBLATT UNTERRÜHREN. WICHTIG IST, DEN SAFT SEHR LANGSAM
EINZUKOCHEN, DAMIT ER SPÄTER SCHÖN GLÄNZT.

Menü 3

DIE RAFFINIERTE KOMBINATION VON ERLESENEN ZUTATEN UND FEINEN WÜRZAROMEN SIND AUCH DAS GEHEIMNIS DIESES MENÜS FÜR VIER PERSONEN, BEI DEM SIE MIT BIBIM BAB EIN WEITERES BELIEBTES TRADITIONSGERICHT AUS DEM „LAND DER MORGEN- STILLE" KENNEN LERNEN. LASSEN SIE SICH ÜBERRASCHEN!

LAUWARMER TINTENFISCHSALAT MIT PIKANTEM AVOCADO-KNOBLAUCH-DRESSING

ZUTATEN

400 g Baby-Tinten-fisch, küchenfertig und ohne Fangarme

2 Schalotten

1 Zitrone

2 reife Tomaten

3 EL Olivenöl

Sojasauce

2 reife Avocados

2 Knoblauchzehen

1 EL Reisessig

Salz, Pfeffer

200 ml Geflügelbrühe

1 Chicorée

1 Radicchio

80–100 g Feldsalat

4–8 Kräuterzweige

ZUBEREITUNG

1 Den Tintenfisch unter fließendem Wasser waschen und mit einem scharfen Messen in feine Streifen schneiden. Die Schalotten schälen und ebenfalls in feine Streifen schneiden. Die Zitrone auspressen. Die Tomaten mit kochendem Wasser überbrühen, häuten, entkernen und das Fruchtfleisch in Würfel schneiden.

2 Den Tintenfisch mit den Schalotten mischen. 1 Esslöffel Öl mit dem Zitronensaft und einigen Spritzern Sojasauce verrühren, über den Tintenfisch und die Schalotten gießen, alles einmal durchrühren und die Mischung 10 Minuten ziehen lassen.

3 Inzwischen die Avocados schälen, den Kern entfernen und das Fruchtfleisch in kleine Stücke schneiden. Die Knoblauchzehen abziehen, klein hacken und zu den Avocadostücken geben. Den Reisessig darüber träufeln und alles mit dem Mixstab pürieren. Das Avocadopüree mit etwas Salz und Pfeffer abschmecken und die Brühe zusammen mit 1 Esslöffel Öl unter das Dressing rühren.

4 In einer Pfanne das restliche Öl erhitzen und die Tintenfisch-Schalotten-Mischung darin bei mittlerer Hitze unter vorsichtigem Rühren anbraten, bis die Schalotten leicht gebräunt sind. Die Mischung herausnehmen und mit den Tomatenstücken vermischen.

5 Chicorée, Radicchio und Feldsalat putzen und waschen. Die Salatblätter gut abtrocknen und dekorativ auf einer großen Platte anrichten.

6 Den Tintenfisch-Tomaten-Salat dekorativ auf den Salatblättern verteilen und das Avocadodressing darüber träufeln. Die Kräuterzweige rund um den Salat anordnen und den Salat lauwarm servieren.

FÜR DIE KOREANER IST TINTENFISCH, DEN SIE CUTTLE FISH NENNEN, EINE ECHTE DELIKATESSE. SEIN SEHR INTENSIVES AROMA WIRD IN ANDEREN KOREANISCHEN REZEPTEN STARK BETONT.

GLASIERTES TOFU-GRÖSTL MIT BAMBUS UND FENCHEL-ORANGEN-GEMÜSE

ZUTATEN

1 Fenchelknolle
1 Orange
1 EL Ingwer, gehackt
Cayennepfeffer
Salz, Pfeffer
1/2 Stange Lauch
1 Petersilienwurzel
(ca. 150 g)
100 g Champignons
oder Austernpilze
200 g fester Tofu
100 g Bambus am
Stück (Dose)
3 EL Sesamöl
200 ml Orangensaft
(„Happy Day Orange"
von Rauch)
1 EL helle Sojasauce
1 EL Austernsauce
8 Stiele Petersilie

ZUBEREITUNG

1 Den Fenchel putzen und mit dem Gurkenhobel in feine Streifen schneiden. Die Orange schälen, filetieren und den dabei austretenden Saft über den Fenchel gießen. Die Orangenfilets mit dem Fenchel vermischen, den Ingwer zufügen und alles mit etwas Cayennepfeffer, Salz und Pfeffer würzen.

2 Den Lauch waschen, putzen und in feine Ringe schneiden. Die Petersilienwurzel schälen und in kleine Würfel schneiden. Die Pilze waschen und ebenfalls klein schneiden. Den Bambus abtropfen lassen, mit dem Hobel in Scheiben schneiden und auf ein Küchentuch legen.

3 In einer Pfanne 1 Esslöffel Öl erhitzen. Die Bambusscheiben darin von beiden Seiten knusprig braten und auf ein Küchentuch legen.

4 Den Tofu würfeln. In einer Pfanne 1 Esslöffel Öl erhitzen und den Tofu darin goldgelb braten. Die Tofuwürfel in ein Sieb geben.

5 In der Pfanne das restliche Öl erhitzen und Petersilienwurzel, Lauch und Pilze darin anbraten. Wenn die Petersilienwurzel gerade eben weich ist, die Fenchel-Mischung mit dem Ingwer und dem Orangensaft zugeben und alles 2–3 Minuten schmoren.

6 Die abgetropften Tofustücke zusammen mit der Sojasauce und der Austernsauce zufügen und kurz erhitzen. Alles einmal durchschwenken und die Pfanne von der Kochplatte nehmen.

ANRICHTEN

1 Das Tofu-Gröstl auf vier Teller verteilen und die gebratenen Bambusscheiben gleichmäßig darauf anordnen.

2 Jeweils 2 Stiele Petersilie dekorativ um das Gröstl herum anordnen.

TOFU BESTEHT AUS SOJABOHNEN UND GEHÖRT ZU DEN BESTEN PFLANZLICHEN EIWEISS-QUELLEN. DURCH SEIN NEUTRALES AROMA HARMONIERT ER MIT JEDEM GEMÜSE UND IST DESHALB AUCH HÄUFIG IN DER KOREANISCHEN KÜCHE ZU FINDEN.

KLASSISCHES **BIBIMBAB** MIT **WACHTELEI** UND **SESAM-AROMA**

ZUTATEN

je 1 EL Knoblauch und Ingwer, fein gehackt
2 EL Zucker
1 EL Soju (koreanischer Schnaps)
1 EL helle Sojasauce
400 g Truthahnbrust
2 EL Paprikapaste
1 EL Sesampaste (Tahin)
1 TL Sesamsamen
1 EL lauwarme Brühe
400 g bissfest gegarter Klebreis (Duftreis)
je 200 g Zwiebeln, Zucchini, Karotten, Shiitake-Pilze, Spinat, Sojasprossen
Sesamöl
8 Wachteleier

ZUBEREITUNG

1 Knoblauch, Ingwer, 1 Esslöffel Zucker, Soju und Sojasauce mit einem Schneebesen gut verrühren. Das Fleisch mit einem scharfen Messer zuerst in feine Scheiben, dann in dünne Streifen schneiden und mit der Marinade vermischen.

2 Paprika- und Sesampaste, den restlichen Zucker, Sesam und Brühe in einer Schüssel zu einer glatten Sauce rühren.

3 Aus dem gekochten Klebreis 8 flache Plätzchen formen. In einer großen Pfanne etwas Öl erhitzen. Die Plätzchen darin bei geringer Hitze von beiden Seiten knusprig goldgelb braten und auf einer Platte warmstellen.

4 Die Zwiebeln abziehen und in feine Streifen schneiden. Die Zucchini putzen und in dekorative dünne Scheiben schneiden. Die Karotten schälen und in feine Stifte schneiden. Von den Pilzen die Stiele entfernen. Spinat und Sprossen waschen und abtropfen lassen.

5 In einer Pfanne die Zwiebeln in etwas Öl knusprig braten und in einer Schüssel warmstellen. Pilze, Karotten, Sprossen und Zucchini jeweils getrennt in etwas Öl braten und separat in Schüsseln warm halten. Den Spinat kurz in etwas Öl schwenken, sodass er lauwarm ist, aber noch seine Farbe behält, und warmstellen.

6 Das Fleisch mit der Marinade bei starker Hitze kurz braten. Die Wachteleier in etwas Öl wie Spiegeleier braten.

ANRICHTEN

1 Das vorbereitete Gemüse jeweils separat in Schüsseln auf den Tisch stellen.

2 Fleisch, Spiegeleier, Reisplätzchen und Sauce ebenfalls auf separaten Platten bzw. in Schüsseln dekorativ anrichten, sodass sich jeder selbst bedient.

Tipp: Statt aus dem Reis Plätzchen zu backen, können Sie ihn auch in einer Schüssel mit 1–2 Esslöffel leicht gerösteten hellen und dunklen Sesamsamen bestreut servieren.

BIBIM BAB IST EIN KOREANISCHER KLASSIKER MIT VIEL GEMÜSE.
IN KOREA WIRD DIESES GERICHT AUCH MIT RINDFLEISCH STATT
TRUTHAHNBRUST ZUBEREITET.

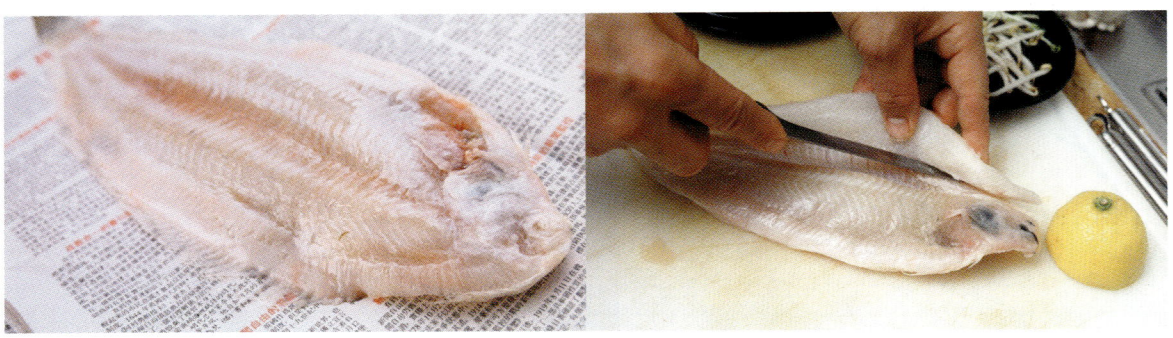

SEEZUNGENFILET AUF INGWER-SPROSSENGEMÜSE MIT GEBRATENEM SESAMREIS

ZUTATEN

8 große Seezungen-
filets
Salz, schwarzer Pfeffer
400 g bissfest gegar-
ter Klebreis (Duftreis)
3 Knoblauchzehen
je 1 rote und grüne
Paprikaschote
100 g weißer Rettich
3 EL eingelegter Ing-
wer (Sushi-Ingwer)
100 g Sojasprossen
100 g Sprossenmix
2 EL helle Sesam-
samen
Sesamöl
8 EL helle Sojasauce
1/2 TL Zucker
2 EL Butter
1/2 Zitrone
1 EL dunkle Sesam-
samen

ZUBEREITUNG

1 Die Seezungenfilets salzen und pfeffern. Aus dem lauwarmen Reis 8 flache Plätzchen formen und die Plätzchen in den Kühlschrank stellen.

2 Den Knoblauch abziehen und fein hacken. Die Paprikaschoten und den Rettich waschen, putzen und in feine Streifen schneiden. Den eingelegten Ingwer ebenfalls in feine Streifen schneiden und den Ingwersaft beiseite stellen. Die Sprossen in einem Sieb waschen und abtropfen lassen.

3 Den hellen Sesam in einer beschichteten Pfanne unter Rühren kurz rösten. Die Reisplätzchen in der Pfanne in 2 Esslöffel Öl von beiden Seiten goldgelb braten, auf Küchenpapier abtropfen lassen und warmstellen.

4 Den Knoblauch in einer großen Pfanne in 1–2 Esslöffel Öl unter Rühren kurz anbraten. Die Sprossen, Paprikastreifen und den Rettich zufügen, gut mischen und 2–3 Minuten bei mittlerer Hitze garen. Den Ingwer zugeben.

5 Den Ingwersaft mit der Sojasauce und dem Zucker verrühren, zum Gemüse geben und kurz erhitzen. Alles nochmals gut durchschwenken und das Gemüse mit Salz und Pfeffer abschmecken.

6 In einer großen Pfanne die Butter erhitzen und die Seezungenfilets darin von beiden Seiten jeweils 2–3 Minuten goldbraun braten.

ANRICHTEN

1 Das Gemüse auf vier Teller verteilen und jeweils 2 Seezungenfilets dekorativ darauf anordnen. Die Fischstücke mit einigen Tropfen Zitronensaft aromatisieren.

2 Die Reisplätzchen dekorativ auf einer Platte arrangieren. Die hellen und dunklen Sesamsamen lose darüber streuen und alles sofort servieren.

SPROSSEN SOLLTEN SIE IMMER FRISCH VERWENDEN, DENN SIE SCHMECKEN WESENTLICH
BESSER ALS SPROSSEN AUS DER DOSE. WENN SIE ÖFTER ASIATISCH
KOCHEN, LOHNT ES SICH, DIE SPROSSEN IM KEIMGEFÄSS SELBST ZU ZIEHEN.

SÜSSE FRÜCHTE-RAVIOLI MIT NÜSSEN AUF AMARENA-KIRSCHSAUCE

ZUTATEN

250 g Mehl

Salz

1 Ei

*je 300 g Ananas,
Äpfel, Kirschen*

50 g Pistazien

100 g brauner Zucker

2 EL Magerquark

*500 ml Amarena-
Kirschsaft („Happy
Day Amarena Kirsche"
von Rauch)*

170 g Zucker

50 g Butter

*50 g Nüsse (Hasel-
nüsse, Pinienkerne,
Walnüsse), fein ge-
hackt*

ZUBEREITUNG

1 Das Mehl in eine Schüssel geben und 1 Prise Salz, das Ei und 8 Esslöffel warmes Wasser zufügen. Alles mit den Händen zu einem glatten, festen Teig verarbeiten und den Teig zugedeckt 30 Minuten ruhen lassen.

2 Inzwischen die Ananas und die Äpfel schälen. Die Äpfel entkernen und beide Fruchtsorten in etwa 1 cm große Würfel schneiden. Die Kirschen waschen, abtrocknen und entsteinen, die Pistazien fein hacken.

3 Alle Früchte in einem großen Topf mit den Pistazien und dem braunen Zucker vermischen und langsam erhitzen, sodass sich etwas Flüssigkeit bildet. Die Früchte bei geringer Hitze ohne Deckel 20–25 Minuten garen, bis die Flüssigkeit verkocht ist, die Früchte aber noch nicht zerfallen sind.

4 Die Früchte herausheben, etwas abkühlen lassen und mit dem Quark vermischen. Die Masse in einem Sieb in den Kühlschrank stellen.

5 Den Kirschsaft mit 150 Gramm Zucker in einem Topf mischen und in 15 Minuten zähflüssig einkochen.

6 Den Teig dünn ausrollen und etwa 5 cm große Kreise ausstechen. In die Mitte je 1 Esslöffel Fruchtfüllung geben, den Teig zuklappen und die Ränder festdrücken. 2 Liter Wasser mit 1 Prise Salz und dem übrigen Zucker aufkochen und die Ravioli darin etwa 3 Minuten offen ziehen lassen. Inzwischen die Butter zerlassen und die Nüsse darin rösten.

ANRICHTEN

1 Die Ravioli mit einem Schaumlöffel herausheben, dekorativ auf vier Desserttellern anordnen und mit der Butter-Nuss-Sauce übergießen.

2 Die lauwarme Kirschsauce um die Ravioli verteilen. Alles nach Belieben mit etwas Puderzucker bestäuben und mit einigen Minzeblättern garnieren.

Tipp: Die Nuss-Sauce können Sie noch mit etwas Zimt- oder Fünf-Chin-Gewürzpulver (aus dem Asia-Laden) aromatisieren.

FÜR DIESE TEIGTASCHEN, IN KOREA MAN DU GENANNT, SOLLTEN SIE NUR ÄPFEL UND KIRSCHEN MIT SEHR FESTEM FRUCHTFLEISCH VERWENDEN, DAMIT SIE BEIM GAREN FÜR DIE FÜLLUNG NICHT ZERFALLEN UND NOCH ETWAS BISS HABEN.

Menü 4

ÜBERRASCHEN SIE IHRE
FREUNDE DOCH EINMAL
MIT DIESEM MENÜ:
STIMMEN SIE SICH EIN MIT
AROMATISCHEM SPINAT-
SALAT UND FEIN GEFÜLLTEN
KARTOFFELTASCHEN.
VERWÖHNEN SIE IHRE GÄSTE
MIT FISCHKLÖSSCHEN
UND ZARTEM FILET UND
LASSEN SIE SICH NACH
EINEM KÖSTLICH
SÜSSEN BIRNENDESSERT
VON ALLEN FEIERN!

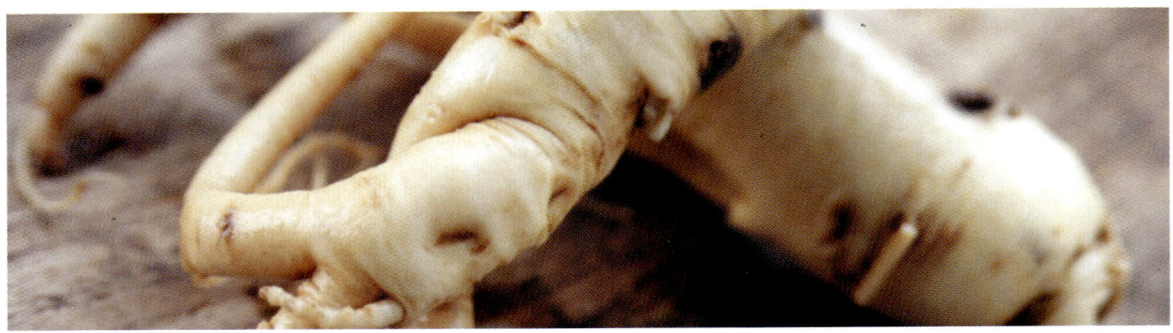

LAUWARMER SPINATSALAT MIT GINSENG UND KNUSPRIGEM HÜHNERSATE

ZUTATEN

300 g Hühnerbrust
40 ml Sojasauce
20 ml Essig
50 g Zucker
80 ml Olivenöl
200 ml heiße Brühe
Saft von 1 Zitrone
je 1 TL Senf, Ingwer,
Kardamompulver
2 EL frische Kräuter
1 EL Röstzwiebeln
1 Tomate
500 g junger Spinat
je 1 rote, grüne und
gelbe Paprikaschote
1 Schalotte
2 Stangensellerie
50 g Ginsengwurzel
(oder 2 Päckchen
Ginseng-Granulat)
3 EL Sesamöl
40 ml Reisessig
100 g Sojasprossen

ZUBEREITUNG

1 Die Hühnerbrüste von Fett und Sehnen befreien, in längliche Streifen schneiden und auf Bambusspieße stecken. Sojasauce, Essig und Zucker verrühren und das Fleisch 20–30 Minuten darin marinieren.

2 Für das Dressing Olivenöl, Brühe, Zitronensaft und Senf mit dem Schneebesen glatt rühren. Den fein gehackten Ingwer, Kardamom, die gehackten Kräuter und die Röstzwiebeln unterrühren und die Marinade warmstellen.

3 Die Tomate häuten, entkernen und würfeln. Den Spinat putzen, waschen und abtropfen lassen. Die Paprikaschoten putzen, waschen und in feine Streifen schneiden. Die Schalotte abziehen und fein würfeln. Den Sellerie waschen und das Selleriegrün beiseite legen, den Sellerie in dünne Scheiben schneiden. Den Ginseng fein hacken.

4 In einer großen Pfanne 1 Esslöffel Öl erhitzen und die Schalotten darin anbraten. Selleriestücke und Paprikastreifen zufügen und mit dem Reisweinessig ablöschen. Sprossen und Tomatenwürfel zufügen und 2–3 Minuten schmoren. Den Ginseng unterrühren, alles in eine Schüssel umfüllen und die Spinatblätter unterheben. 2–3 Esslöffel Dressing über den Salat träufeln.

5 Die Hühnerspieße in der Pfanne bei starker Hitze im restlichen Öl von allen Seiten scharf anbraten und bei mittlerer Hitze in einigen Minuten fertig braten.

ANRICHTEN

1 Das restliche warme Dressing über den Spinatsalat gießen. Den Salat dekorativ auf einer großen Platte anrichten und die Hühnerspieße darauf anordnen.

2 Den Spinatsalat mit einigen Sellerieblättern dekorieren und sofort servieren.

FÜR DIESEN SALAT SOLLTEN SIE NUR JUNGE, ZARTE SALATBLÄTTER VERWENDEN UND DIE STIELE ENTFERNEN. GEFLÜGEL SOLLTEN SIE MÖGLICHST IMMER „BIO" KAUFEN, DA ES VIEL BESSER SCHMECKT ALS „NORMALES" FLEISCH.

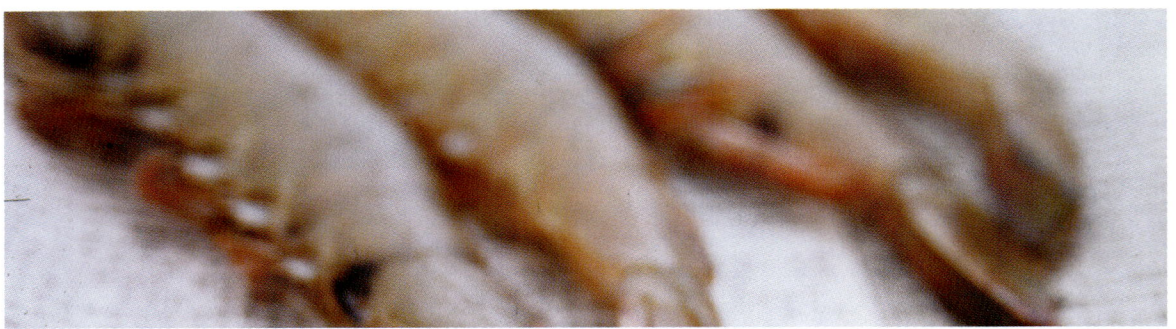

KARTOFFELMAULTASCHEN MIT PIKANTER GARNELENFÜLLUNG UND FRÜHLINGSZWIEBELSCHAUM

ZUTATEN

200 g Pellkartoffeln
vom Vortag
80 g Mehl
1 EL Kartoffelstärke
50 g Butter
1 Ei
Salz
8 Riesengarnelen
(ca. 300 g)
1 Bund Koriander
2 Knoblauchzehen
1/2 TL Sesamöl
1 EL helle Sojasauce
Pfeffer
1 Bund Frühlings-
zwiebeln
2 Schalotten
200 ml Gemüsebrühe
200 g Sahne
Mehl zum Ausrollen
1 Eigelb

ZUBEREITUNG

1 Die Pellkartoffeln abziehen und zweimal durchpressen. Das Püree mit dem Mehl, der Kartoffelstärke, 30 Gramm Butter, dem Ei und etwas Salz zu einem geschmeidigen Teig verarbeiten.

2 Die Garnelen sehr klein schneiden. Die Korianderblätter fein hacken, den Knoblauch abziehen und 1 Zehe durchpressen. Garnelen, Koriander und Knoblauch mit Öl und Sojasauce vermischen und mit etwas Salz und Pfeffer abschmecken.

3 Die Frühlingszwiebeln waschen, das Grüne vom weißen Teil trennen und beides getrennt klein schneiden. Die Schalotten abziehen und fein hacken. Den restlichen Knoblauch ebenfalls hacken. In einem Topf die restlich Butter zerlassen. Weiße Frühlingszwiebeln und Schalotten darin andünsten. Den Knoblauch zufügen, mit der Brühe ablöschen und alles bei geringer Hitze ohne Deckel auf die Hälfte einkochen lassen. Die Sahne zufügen, weitere 5–10 Minuten

bei kleiner Hitze kochen und die grünen Frühlingszwiebeln unterrühren. Alles mit dem Stabmixer etwa 5 Minuten pürieren, bis die Sauce sehr schaumig wird, und mit Salz und Pfeffer abschmecken.

4 Den Kartoffelteig auf etwas Mehl dünn ausrollen, zu 5 cm großen Kreisen ausstechen und mit Eigelb bestreichen. Je 1 Löffel Garnelenfüllung auf eine Hälfte geben, die andere Hälfte darüber klappen und die Ränder zusammendrücken.

5 Reichlich Salzwasser zum Kochen bringen und die Maultaschen darin ohne Deckel etwa 5 Minuten ziehen lassen.

6 Die Maultaschen mit der Schaumkelle herausheben, auf vier Teller verteilen und jeweils etwas Frühlingszwiebelsauce darüber gießen.

Tipp: Wenn Sie etwas Kurkuma oder Currypulver ins Kochwasser geben, bekommen die Kartoffelmaultaschen beim Garen eine schöne gelbliche Farbe.

NOCH FEINER WERDEN DIE KARTOFFELMAULTASCHEN, WENN SIE SIE NACH DEM POCHIEREN VON BEIDEN SEITEN KURZ IN GESCHÄUMTER BUTTER SCHWENKEN UND DANACH MIT DER GRÜNEN FRÜHLINGSZWIEBELSAUCE ÜBERGIESSEN.

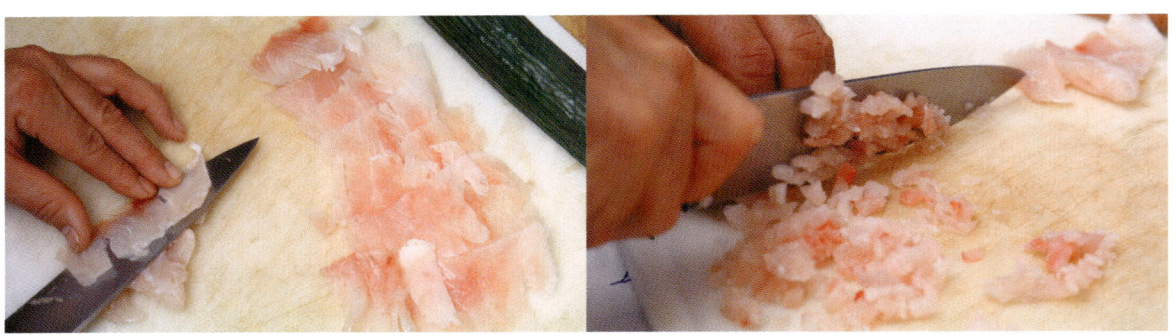

GEBRATENES GEMÜSE MIT FISCHKLÖSSCHEN UND KIMCHI-PESTO

ZUTATEN

1 Bund Petersilie oder Ruccola
150 g Kimchi (aus der Dose bzw. frisch vom Asia-Laden)
7 EL Sesamöl
300 g Fischfilet, vom Fischhändler zu Tatar verarbeiten lassen
1 Ei
1 TL Cayennepfeffer
Salz, Pfeffer
2 Zwiebeln
6 Knoblauchzehen
2–3 Karotten
1 TL Ingwer, gehackt
2 EL Reiswein (Sake)
3 EL brauner Zucker
etwas Sojasauce
1/2 Gurke

ZUBEREITUNG

1 Für das Kimchi-Pesto die Petersilie oder den Ruccola waschen, abtrocknen und mit dem Kimchi und 2 Esslöffel Öl in einem Mixer zu einer zähflüssigen Masse verarbeiten. Das Pesto in den Kühlschrank stellen.

2 Für die Klößchen das Fischtatar mit dem Ei und dem Cayennepfeffer zu einer homogenen Masse verrühren und mit Salz und Pfeffer abschmecken. Aus der Masse mit einem Löffel kleine Klößchen abstechen.

3 In einer großen Pfanne 4 Esslöffel Öl erhitzen. Die Klößchen darin von allen Seiten in einigen Minuten bei mittlerer Hitze knusprig braten, auf Küchenpapier abtropfen lassen und warm stellen.

4 Für das Gemüse die Zwiebeln abziehen und in feine Würfel schneiden. Die Knoblauchzehen abziehen und fein hacken. Die Karotten schälen und in feine Streifen schneiden.

5 Das restliche Öl in einer Pfanne oder einem Wok erhitzen und die Zwiebeln darin glasig braten. Die Karottenstreifen und den Knoblauch zugeben, den Reiswein und Zucker zufügen, alles 2–3 Minuten garen und das Gemüse zum Schluss mit etwas Sojasauce abschmecken.

ANRICHTEN

1 Das Gemüse auf vier Teller anordnen und die Fischklößchen darauf legen. Jeweils etwas kaltes Kimchi-Pesto um das Gemüse herum verteilen.

2 Die Gurke schälen und das Fruchtfleisch mit dem Gurkenschäler in hauchdünne, tagliatelleartige, lange Streifen schneiden. Die Gurkenstreifen dekorativ auf Fisch und Gemüse verteilen.

FÜR DIESES GERICHT KÖNNEN SIE JEDES GEMÜSE VERWENDEN, DAS IHNEN SCHMECKT. ES SOLLTE NUR MÖGLICHST FEST KOCHEND SEIN – ALSO BEISPIELSWEISE FENCHEL, SELLERIE, KOHLRABI ODER AUCH ROSENKOHL.

MARINIERTE RINDERSTREIFEN IN REISWEIN UND KNOBLAUCH

ZUTATEN

800 g Rinderlende

8 Knoblauchzehen

2 Frühlingszwiebeln

6 EL Reiswein (Sake)

5 EL Zucker

200 ml Sojasauce

100 g Stangensellerie

1 Zwiebel

1 EL Sesamöl

1 EL rote Currypaste

4 Käuterzweige

400 g gegarter Klebreis (Duftreis)

ZUBEREITUNG

1 Die Rinderlende in vier gleich große Scheiben schneiden und nebeneinander in eine flache Schüssel legen.

2 Für die Marinade den Knoblauch abziehen, die Frühlingszwiebeln putzen und beides zusammen mit dem Reiswein, dem Zucker und der Sojasauce mit dem Stabmixer pürieren. Das Fleisch von beiden Seiten mit der Marinade bestreichen und die restliche Marinade darüber gießen. Die Steaks 20 Minuten ruhen lassen.

3 Inzwischen den Sellerie waschen, putzen und in feine Würfel schneiden. Die Zwiebel abziehen und ebenfalls sehr fein würfeln.

4 1/2 Esslöffel Öl in einer beschichteten Pfanne erhitzen. Die Zwiebel- und Selleriewürfel darin in 3–4 Minuten bissfest dünsten und die Currypaste unterrühren. Die Selleriecreme warm halten.

5 In einer zweiten großen Pfanne das restliche Öl erhitzen. Das Fleisch aus der Marinade nehmen, abtropfen lassen und die Marinade beiseite stellen. Das Fleisch bei starker Hitze von beiden Seiten jeweils 2–3 Minuten scharf anbraten und weitere 10 Minuten ruhen lassen.

6 Das Fleisch herausnehmen und mit einem scharfen Messer in feine Streifen schneiden. Den dabei austretenden Fleischsaft zurück in die Pfanne gießen, die beiseite gestellte Marinade zufügen und die Sauce einmal kurz aufkochen.

ANRICHTEN

1 Das Fleisch gleichmäßig auf vier Teller verteilen und jeweils etwas Sauce darüber gießen. Jede Portion mit einem Käuterzweig garnieren.

2 Die Selleriecreme in eine Schüssel umfüllen und zusammen mit dem Reis als Beilage servieren.

BEIM REISWEIN KÖNNEN SIE PROBLEMLOS AUCH DEN JAPANISCHEN SAKE VERWENDEN.

LEICHT ANGEWÄRMT WIRD REISWEIN IN KOREA — WIE IN JAPAN — HÄUFIG AUCH ALS APERITIF

ODER ZUM ABSCHLUSS EINES MENÜS SERVIERT.

SÜSSE BIRNEN MIT INGWER, SCHWARZEM PFEFFER UND ZIMT-AROMA

ZUTATEN

100 g Ingwerwurzel

2 Zimtstangen

200 g Zucker (oder
brauner Zucker)

1 l Grüner Tee („Nativa
Green Tea Lemon"
von Rauch)

3 mittelgroße feste
Nashibirnen (oder
Williamsbirnen bzw.
säuerlich schmecken-
de, sehr feste Birnen)

Saft von 1 Zitrone

3 EL Pfefferkörner,
schwarz

ZUBEREITUNG

1 Den Ingwer schä-
len und mit dem
Messerrücken fest an-
drücken. Den Ingwer,
die Zimtstangen und
den Zucker in einem
Topf mit dem Tee mi-
schen, aufkochen
und ohne Deckel in
15–20 Minuten zu
einem dickflüssigen
Sud einkochen.

2 Die Birnen halbie-
ren, schälen und das
Kerngehäuse entfer-
nen und die Birnen
schälen. Die Früchte
in Achtel schneiden
und mit etwas Zitro-
nensaft beträufeln,
damit sie sich nicht
braun verfärben.

3 Die Birnenachtel
und die Pfefferkörner
zum Teesud geben
und etwa 10 Minuten
bei geringer Hitze
dünsten.

4 Die Früchte mit
einem Schaumlöffel
aus dem Sud heben
und etwas abkühlen
lassen.

5 Den Birnensud in
der Zwischenzeit
ohne Deckel langsam
bei geringer Hitze
noch einige Minuten
lang einkochen
lassen, bis er leicht
glasig wird, den Topf
von der Kochplatte
nehmen.

ANRICHTEN

Die lauwarmen Bir-
nenstücke auf vier
tiefe Dessertteller
oder -schalen vertei-
len und den Birnen-
sud wie eine Suppe
darüber gießen.

Tipp: Nach Belieben
können Sie noch
etwas Eiscreme zu
den Birnen servieren,
was besonders im
Sommer sehr erfri-
schend schmeckt.

ALS BEILAGE ZU DEN RAFFINIERTEN BIRNEN PASSEN AUCH GERÖSTETE PINIENKERNE
ODER ABGEZOGENE UND GERÖSTETE MANDELN SEHR GUT, DIE DAS FEINE
BIRNEN-INGWER-ZIMT-AROMA HERVORRAGEND ERGÄNZEN.

Anhang

VIELE KÖCHE VERDERBEN DEN BREI – SO SAGT MAN IN EUROPA. DASS DIESE REDENSART IN KOREA NICHT STIMMT, BEWEIST COOKIN', EIN FURIOSES DINNERSPEKTAKEL RHYTHMISCHER KOCHKUNST, DAS SEIT 1997 RUND UM DEN GLOBUS FÜR AUSVERKAUFTE HÄUSER SORGT UND SCHON MEHR ALS 400000 BEGEISTERTE ZUSCHAUER IN SEINEN UNWIDERSTEHLICH FRÖHLICHEN BANN GEZOGEN HAT.

ÜBER
COOKIN'

DAS DINNER-SPEKTAKEL ZUM GENIESSEN

Cookin' – heißt die turbulente koreanische Bühnenshow der Macher von „Stomp" und „Tap Dogs", die seit drei Jahren auf Welttournee ist und nach fulminanten Erfolgen am New Yorker Broadway, in Großbritannien und Berlin endlich auch in München zu Gast ist.

Cookin' – bedeutet pures Seh- und Hörvergnügen, denn hier wird von vier fingerfertigen Kochkünstlern in atemberaubendem Tempo ein siebengängiges Hochzeitsmenü zubereitet, bei dem Messer, Töpfe, Pfannen und Schneidbretter nur so durch die Luft wirbeln und die Zutaten artistisch in kleinste Stücke gehackt werden – begleitet von einem rhythmischen Feuerwerk auf Töpfen, Tellern, Deckeln, Sieben und Pfannen neben perfektem Kung Fu und gekonnten Jongleur-Einlagen mit allem, was diese außergewöhnliche Bühnenküche zu bieten hat.

Cookin' – beinhaltet Essgenuss vom Feinsten, denn mit dem exquisiten Fünf-Gänge-Menü von Frank Heppner, dem prominenten Münchener Starkoch und Erfinder der leichten euro-asiatischen Küche, lernen die Zuschauer die authentische koreanische Kochkunst von ihrer raffiniertesten Seite kennen.

Cookin' – ist ein furioses Erlebnis für alle Sinne, das man nicht so schnell vergisst!

VORSICHT ... DIE KÖCHE SIND LOS!

Das sagen Pressenstimmen über Cookin', in Korea „Nanta" genannt, was übersetzt so viel heißt wie „Zuschlagen ohne jede Zurückhaltung":

„... Messer fliegen, Gurkenscheiben und Karotten-Julienne ebenso. Ein Kohlkopf wird dahingemetzelt. Ein Huhn will nicht so recht glauben, dass es dran glauben muss. Egal! ... Eine Stunde bleibt den vier Botschaftern der koreanischen Cuisine – das sind Sung Min Lee als Chef, Hyun Ok Chog als sexy Assistentin, Ho Yeoul Sul als Beikoch und Byung Ho Kim als Lehrling und Jackie-Chan-Verschnitt –, um ein Hochzeitsmenü zu zaubern. Dabei trommeln, hacken, schlagen und kreischen sie zu dröhnenden Techno- und Rock-Beats, bis der Saal kocht ... Highlight der Koch-Trommel-Comedy-Show ist ein 'Dumpling-Wettbewerb'. Da treten vier Herrschaften aus dem Publikum gegeneinander an zum Teigkneten und Maultaschenstopfen. Das Publikum rast, tobt, klatscht und trampelt im Kanon ... Schon allein für dieses Massen-Karaoke gebührt Cookin' der Goldene Kochlöffel."

„... Die blitzenden Messer sind so scharf, dass damit ganze Kohlköpfe hingemetzelt werden können. Man ist froh, dass keine Fingerkuppe auf der Strecke bleibt. Der Boden der Bühne sieht allerdings bald wie ein Schlachtfeld im Gemüsebeet aus. Die vier verrückten Köche, die tanzen, trommln und sich in östlichen Kampfsportarten üben, sind gar keine Köche – sondern Schauspieler, Tänzer und Trommler, die mit Küchengeräten kunstvollen Lärm und Spaß verbreiten. Man kann aus dieser Show, die weltweit mit fünf Ensembles tourt, Verschiedenes lernen. ... Mit Schneebesen, Hackbrettern, Nudelhölzern und dergleichen lassen sich Konzerte, Ballette und Zauberkunststücke aufführen..."

„... Wenige Augenblicke später zerlegten die vier Artisten-Köche alles, was die Bühnenküche zu bieten hatte. Frisierte Kohlköpfe, fliegende Glasnudeln, Zwiebelstückchen und Karottenscheibchen. Die Story des Spektakels: Die Truppe muss in einer Stunde für den beleibten und gestrengen Chef ein traditionelles Hochzeitsmenü zaubern. Dabei wurde das Publikum mit Ohren und Auge Zeuge einer artistischen Gourmet-Attacke. Anderthalb Stunden trommelten das Quartett und ihr Maître mit Stäbchen, Messern und Besenstielen auf Töpfen, Scheidebrettern und Mülltonnen. Sie kreierten aus einer Prise Musik und einer mitreißenden Portion Rhythmus eine Mischung und Varieté. Selbst das Publikum war gefordert: Unter Anleitung des Küchenchefs musste es rhythmisch klatschen, beim Teigtaschen stopfen auf der Bühne aktiv werden und den Allerwertesten des Küchenchefs aus der Mülltonne befreien. Kurzum, eine gelungene Percussion-Show erster Soja-Sauce, gewürzt mit Temperament, Humor und Kung-Fu..."

MANFRED HERTLEIN
VERANSTALTUNGS GMBH

ÜBER 20 JAHRE ERFOLGREICH IM SHOWBUSSINES

Münchner Veranstalter der furiosen Dinnershow Cookin' ist die Würzburger Konzertgesellschaft Manfred Hertlein GmbH, die seit mehr als 20 Jahren zu den Top-Tourneeveranstaltern in Deutschland zählt und Marktführer im deutschen Unterhaltungsbereich ist.

Zu den vielen, teils langjährigen Tourneekünstlern zählen u. a. Rainhard Fendrich, Richard Clayderman, das Projekt „Rock meets Classic", Peter Hofmann, Anna-Maria Kaufmann, Harald Juhnke, der Magier Hans Klok, der „Pferdeflüsterer" Monty Roberts, Reinhold Messner, Brunner & Brunner, Hansi Hinterseer, Nicole, die Klostertaler, Roland Kaiser, Michelle u.v.a.

Seit 1997 ist die Manfred Hertlein Veranstaltungs GmbH verantwortlich für die Durchführung und künstlerische Auswahl der Tournee „Uwe Hübner präsentiert Die Hitparade auf Tour". Die Tournee war 1999 die erfolgreichste Schlagertournee des Jahres. Mit auf Tour war schon fast die komplette „Crème de la Crème" des deutschen Schlagers: Peggy March, Andreas Martin, Ireen Sheer, Bernhard Brink, Mary Roos, Die Paldauer, Kristina Bach, Drafi Deutscher, Patrick Lindner, Wenke Myhre, Roland Kaiser, G.G. Anderson, Matthias Reim, Nino de Angelo, Michelle, Costa Cordalis, Christian Anders, Ibo, Karel Gott, Wind, Jürgen Markus, Michael Holm, Michael Morgan, Rosanna Rocci, Die Vikinger, Cindy & Bert, Roberto Blanco u.v.a. Im Mai 2000 war die Würzburger GmbH verantwortlich für die „Year of the Dragon"-Tour von Modern Talking und im Jahr 2001 feierte die GmbH gemeinsam mit Karl Moik sein 20-jähriges Jubiläum mit dem „Musikantenstadl unterwegs" – die erfolgreichste volkstümliche Tournee des Jahres. Im Konzertmanagementbereich ist das Team um Manfred Hertlein verantwortlich für Deutschlands erfolgreichstes Bläserensemble „German Brass" sowie für PUR-Tourschlagzeuger Martin Stöck.

Neben circa 250 Tourneeterminen pro Jahr veranstaltet die Firma etwa 100 örtliche Konzerte mit Weltstars wie Elton John, U2, Tina Turner, Sting, ZZ-Top, Deep Purple, Supertramp, Neil Young, Bob Dylan, Santana, Joe Cocker, Backstreet Boys, Westlife, Ronan Keating u.v.a. Die Palette im Veranstaltungsbereich umfasst ebenso Künstler und Programmpunkte wie Yehudi Menuhin, Peter Ustinov, Monserat Caballé, José Carreras, die Original Lipizzaner Gala, Phantom der Oper, Lord of the Dance u.v.a. Die Struktur der Firma wird mit weiteren Subunternehmern in den Bereichen Pressearbeit, Sponsoring, Hotelbuchung etc. und seit 1991 auch mit einem eigenen Kartenvorverkaufsgeschäft in Aschaffenburg verstärkt.

Im Februar 2002 erhielt Manfred Hertlein für seine Verdienste im Tourneebereich eine weitere goldene Schallplatte für die erfolgreiche „Mitten im Meer" Deutschland-Tournee 2001/2002 von Brunner & Brunner. Neben den bewährten Solo-Tourneen zeichnet sich die Manfred Hertlein Veranstaltungs GmbH seit 2002 verantwortlich für die Organisation in kompletter Eigenregie der Tournee von „Der Mann, der mit den Pferden spricht" Monty Roberts und brach mit der Sold-Out-Deutschlandtournee den internationalen Rekord.

FRUCHTSÄFTE VON

NUR WER GESCHMACK HAT, KANN GENIESSEN

Fremde, faszinierende Kulturen auf kulinarischen Pfaden zu entdecken ist eine aufregende Herausforderung, der sich auch immer mehr Feinschmecker und Hobbyköche stellen. Dieses Kochbuch widmet sich daher auf hohem Niveau den unterschiedlichsten Speisen und Gerichten der koreanischen Küche.

Produkte aus dem Hause Rauch Fruchtsäfte begleiten Sie auf dieser kulinarischen Reise auf höchst spannende und – vielleicht auch – überraschende Art. Ob als Geschmacksverfeinerung oder als Vollendung einer Speise, ob als feines Naturgetränk oder als beliebte Erfrischung: Produkte aus dem Hause Rauch werden auf höchstem Niveau mit dem „Gütesiegel unverbrauchter Natur" hergestellt.

Happy Day Amarena Kirsche wird aus bestem Saft der Sauerkirsche gewonnen und zählt neben Apfel, Orange und Multivitamin zu den Klassikern in Deutschland. Ein köstliches Mandelkernaroma veredelt zusätzlich den Genuss.

Happy Day Ananas ist 100 Prozent reiner Saft ohne Zuckerzusatz. Purer, natürlicher Fruchtgenuss für die ganze Familie.

Rauch Bravo Marillen- und Pfirsichnektar hat einen Fruchtsaftgehalt von 50 Prozent. Das natürliche Aroma wird durch schonendste Verarbeitung im Glas erreicht. Ein kulinarischer Trinkgenuss.

Nativa greift zurück auf das universelle Wissen alter Zeiten und ferner Kulturen. Daraus entstehen reine Getränke mit natürlichen Inhaltsstoffen. Sie wirken positiv auf Körper und Geist und tragen zu ganzheitlichem Wohlbefinden bei. Nativa schmeckt – dank der natürlichen Zutaten und der sorgfältigen Zubereitung – ausgezeichnet und hat nur wenige Kalorien (für Diabetiker geeignet).

Die konstant hohe Qualität der Marke Rauch hat ihren Ursprung in einer über 80 Jahre alten Herstellertradition. Als Familienbetrieb im Jahre 1919 gegründet, zählt das Unternehmen heute zu den TOP-Fruchtsaftunternehmen Europas, wobei konsequente Innovationspolitik sowie gezielte Expansion die wesentlichen Erfolgsfaktoren sind. Die Rauch-Philosophie von der „Qualität des Trinkens" gehört zum Markenkern und wird in allen einzelnen Produktionsschritten konsequent umgesetzt. Das ist mit ein Grund für den überragenden Erfolg der Marke Rauch.

Lassen Sie sich inspirieren von neuen und interessanten Ideen. Holen Sie sich für einen lukullischen Augenblick die ferne Kochkultur Koreas nach Hause. Getreu dem Grundsatz: Nur wer Geschmack hat, kann genießen.

Wir wünschen Ihnen viel Freude und gutes Gelingen!

REGISTER